なぜ 僕らは 今、リノベーションを 考えるのか

大島芳彦 + ブルースタジオ

学芸出版社

まえがき──その環境に物語を

「足るを知るものは富む」。老子の言葉だ。

僕らが日常接している建築的環境。そのなかでも住環境、仕事環境に対して多くの人が求めているものは何だろう。利便性、快適性、安全性。その類の要望を挙げる人は多いはずだ。でも実は、利便性や環境性能はいつになっても人を完全に満足させることはないし、テクノロジーは常に更新され続けて、人はよりハイスペックなものに憧れる。日本のプロダクトの安全性は世界的にもトップレベルであることは、誰もが疑う余地のない事実で、日本人の災害や犯罪に対する危機意識も「それなりに」高く、数々のテクノロジーや先進的なサービスが、日々しのぎを削りあって、これに応えようとしている。全てにおいて満たされたかのような現代日本の社会。消費文化においては、わずかに満たされない不足感と、淡い危機感が常に刺激されることによって、経済活動が維持されているかのようだ。

しかし今、多くの人々がテクノロジーや物質的な量や新しさより、むしろ体験やコミュニケーション、あるいはオンリーワンの自分らしさのようなものに、興味を持ち始めている。住環境や仕事環境も同じこと。建築的な環境ニーズは徐々に従来とは違う方向に成長している。街の景観を一変させてしまうような巨大構築物や、似たような街を全国に量産する大型再開発計画に、人々は半ば食傷気味だし、その話題性もかつてのように長続きはしない。一方、裏通りの小さなカフェや立ち飲み屋が話題をさらい、理想の空間はカリスマデザイナーや著名建築家がつくるものではなく、DIYの

ように自分の意思で、オンリーワンをつくり上げるもの。このような感覚が、急速に一般化しつつある。マイホームの夢も、かつての建てる、買うことを前提とした物質的なことより、中古住宅や賃貸住宅のように、リーズナブルで気軽な環境を利用した「楽しい暮らし」を実現する方向へ、その本質が置き換えられようとしている。

「足るを知る者は富む」。やっと、その言葉に実感を持てる時代がやってきた。経済成長期以降の先人達のおかげで、すでに僕らは十分な物や生活環境を手に入れてきた。有難いことに、生きぬくために足りないものはない。もうこれ以上の物を欲しくなくとも造らずとも、僕らはその活用の仕方にあれやこれや想いを巡らせ、使いこなすことで理想の環境を手に入れることができるようになったのだ。造り方を考えるよりも、使い方を考えることは、何倍も楽しい。想像力さえあれば、生活を楽しめる。老子の言葉も、かつては悟りの境地に達しなければ、実感を持ち得なかったはず。でも今は、読みかえれば「想像力豊かな者は富む」と理解できる。

そんな「足るを知る豊かさ」を味わえる時代に、実は足りないことがある。それは肝心の想像力を育むための「物語」。物と物、物と人をつなぐ切っ掛けとなる「物語」だ。僕らは建築的、都市的な環境に「物語」を与えたい。

物質主義の時代に積み重ねられた「物件」の山。既存の「物」や「仕組み」の山の中に宝探しをし、断片化している状況を編集して、物語を紡ぎあげたい。供給側の一方的な押し売りではなく、生活者の想像力を喚起して、成長と変化をもたらす物語。僕らにとって「リノベーション」とは、そんな物語を紡ぎあげるための行為だと思っている。

なぜ僕らは今、
リノベーションを
考えるのか

目次

03	まえがき—その環境に物語を

第1章　僕らとリノベーション　09

12	不動産のクリエイティブディレクション
16	父の貸しビル、社会の貸しビル
19	リノベーションは問題解決の手段
24	2000年とリノベーション
26	縛られたくない世代の縛られない暮らし
28	米軍ハウスでの共同生活

第2章　社会とリノベーション　31

33	あえての「中古」、あえての「賃貸」
35	暮らしを「編集」
37	手段の「リフォーム」と考え方の「リノベーション」
39	空き家時代の「物語」
41	共感の輪
42	あなたでなければ、ここでなければ、いまでなければ
43	リノベーションで生まれかわる街
45	リノベーションになにができるのか

第3章　ブルースタジオとリノベーション　51

52	ブルースタジオの仕事—「モノ」「コト」「時間」のデザイン
54	renovation case 1　その場にあるべき働き方を発明する—「ラティス青山」
64	renovation case 2　歴史といとなみを場の価値にする—「うめこみち」
74	renovation case 3　人と人をつなぐハワイアンの調べ—「テラス・コナ・サーフ」
80	renovation case 4　公園のようにひらかれた団地—「たまむすびテラス」

90	renovation case 5　プライドを街の価値にする―「田中衛機ビル」
96	renovation case 6　隠れた資源を見つけて活かす―うおまちのにわ「三木屋」
104	renovation case 7　モクミツを住みこなす―「nana」「pinos」
114	mokuchin column　参加する、育てる、続ける―「木賃アパート再生ワークショップ」
122	renovation case 8　蓄積された暮らしの価値を次世代につなぐ―「わの家 千峰」
132	renovation case 9
	人と街を食でつなげるシェアダイニング―「スタイリオウィズ上池台」
142	renovation case 10　成長する住まい―「青豆ハウス」

155	**第4章　建築家とリノベーション**
156	建築家の職能の拡張
157	リノベーションアーキテクト
158	マルチリンガルな建築家
160	リノベーションの「作品」
162	すれ違う「物件」たち

164	interview　建築への能動性を喚起する　聞き手：田中元子
165	マイノリティからマジョリティへ
166	特殊解だけでなく、一般解にもしなければならない
170	ここまでやらないと建物がかわいそう
172	ともにプレイヤーであるという自覚
174	開かないと答えが出ない
177	気付いていないものを提供する
179	自発的にコミットしたくなるほうへ

182	あとがき

第 1 章

僕らと
リノベーション

日々目にするマンション広告。イメージカットは光あふれる緑の中。上空から俯瞰する街並みには天まで届かんばかりの光の柱。月並みな完成予想CG。一体どれだけの人がこの広告に感情移入し、暮らしの夢を膨らませることができるだろうか。

　マンション広告のセオリー通りのコンテンツ展開は、定量的、相対的な不動産価値は理解できるものの、その場の暮らしがどんな時間を自分の人生に与えてくれるのかがわからない。どんな経験をさせてくれるのか。定性的、絶対的な魅力がわかりにくいのだ。

　実際の商品、空間の質はどうだろう。共用部分のデザインやサービスはどこも趣向が凝らされ、時には心をつかまれる。しかし肝心の専用部分はどこも大差がない。面積と何LDKなのか、その情報さえ得れば現地で確認する必要もないほど画一化されている。

　日本の広告文化や商品企画、開発にかける創意工夫の力は世界に誇る「クリエイティブ」のはず。しかし、なぜ不動産という業界にだけ、ここまで月並みな商品が氾濫しているのだろう。僕らの生活の器であり根幹をなす、大事な商品なのに。そこには理解しがたい、供給側に偏重した論理があるはずだ。おまけに建築設計畑の僕が気になったのは、広告の隅にレイアウトされた、デザイナーや建築家の凛々しい顔写真と、アーティスティックなコメント。同業者として気持ちはわかる。でも響かない。彼らが表現したかった世界観は、広告に表されているそれではなかったはずだ。

　危機感をおぼえた。いまだにマス供給され続ける住宅が、こんな状況でいいのだろうか。いわゆる住宅産業界は明ら

かに消費者、生活者に対するコミュニケーションミスを犯している
し、それは関連事業者間のコミュニケーションにおけるミスやロスに
よって、生まれているんじゃなかろうか。そしてそのミスやロスが、
日本の不動産やこれからの住宅産業が抱える不幸かもしれない。

　そう感じたことが2000年、都心回帰型の第6次マンションブーム
がピークを迎える中で、今の仕事をしようと思い立った一つのきっか
けだ。

　僕は2000年から「ブルースタジオ」というチームで「リノベーショ
ン」をテーマに、建築や不動産の仕事をしている。なぜ「リノベー
ション」なのか、何が「リノベーション」なのか？　それを説明する
前に、少し回り道をしたい。それは前述の建築広告と、関係のある話
だ。

マンションが林立する都心

第1章：僕らとリノベーション　11

不動産のクリエイティブディレクション

　ブルースタジオは、武蔵野美術大学(ムサビ)の建築学科時代からの友である大地山博が、グラフィックデザインを中心に広告を制作する事務所として1998年に法人化した会社。僕は2000年からその一員だ。

　大地山は僕と同じくムサビの建築学科出身だが、大学卒業後はどっぷりと広告の世界で仕事をしてきた男。一方、僕はといえば、大学卒業後、アメリカやヨーロッパなど国外で建築を学び、27歳で帰国してからは組織系の建築設計事務所で働いていた、モラトリアム系建築畑の人間だ。帰国後の社会人時代、大地山とは良く酒を飲んだ。美大生は基本的に「パンク」だ。社会に対して常に斜に構える。疑問とメッセージを持ち続けてなんぼだと、いつも思っている。

　少なくとも僕と大地山は今に至るまでそんな人種で、そんな二人が共有する、疑問というか愚痴に近い酒飲み話に、前述の日本の住宅産業の話があった。一見別々の道を歩んでいた僕らだが、卒業後8年を経て、共に一つの目標を持つことになった。目標と言うより、むしろ疑問の共有だろうか。

　飲みながらよく出た話題が「暮らしとクリエイティブの関係」だった。暮らしにおけるクリエイティブの世界はとてつもなく広くて、建築物はその一部にしか過ぎない。僕らはインテリアや建築に留まらず、食文化やファッション、つまるところ家族観や教育にも「クリエイティブ」というテーマを重ねあわせて話し込んだ。いつも話の根底にあった二人の想いは「一つの職種だけで、独創的な価値など構築できるもんじゃない。業界の範疇など気にしていたら、面白いものなんて生ま

れやしない」。当時それぞれ異なる仕事をしながらも、立場が違うからこそ許されるような、若さゆえ少し緩めの、でも世界観だけはあれこれ広い話だったような気がする。

　広告業界に身を置く大地山は、表現（プレゼンテーション）に一方ならぬこだわりを持っていた。商品に込めるメッセージと人の心理、そして情報アウトプットとしてのビジュアルに対する職人的なこだわり。どれもコミュニケーションに対するこだわりだった。そんなデザイナー大地山と話をしていると、建築、不動産の世界で僕が前述のように感じていた「コミュニケーションロスの存在」に対する問題解決の手段も、そこに糸口があるように感じた。

　建築という、桁違いに金がかかり社会性のあるものを作る仕事をしているのに、そもそも自分も、建築というものが持つ社会性について、俯瞰したことがなかったんじゃなかろうか。建築や不動産の世界は、関連する業界がとてつもなく広い。実はもっと関連業界に目を向けて、生活者の観点から建築がおかれている社会環境について、広く知る必要があるんじゃないだろうか。そして建築物には建築的表現以外のメッセージを込める必要があり、その手段を思考錯誤することに、真のクリエイティビティーがあるんじゃないだろうか。そんな気持ちが湧きあがってきた。

　この世に存在するあまたの商品、そしてその企画やマーケティングの世界を見れば当たり前のことであっても、建築や不動産の業界に当てはめてみると、恐ろしく未開拓な部分が山ほどあるような気がし始めたのだ。

　ならば業界に必要とされる状況は、その相互のコミュニケーションを活性化させる仕組みづくりか、一貫性を生み出

大島と大地山博（2000年）

す役割の発見だ。イメージしたのは「クリエイティブ・ディレクション」という役割。2000年当時はグッチ（GUCCI）を劇的再生に導いたクリエイティブディレクター、トム・フォードの活躍が、ファッション業界を超えて経済界でも大きな注目を集めていた。元来デザイナーでありながら企画、流通、プロモーションなど全てのブランディングに関わるプロセスをディレクションする彼の仕事は、僕らがイメージしていた建築、不動産の業界に必要な役割に感じられた。

　衣食住の三業界においてアパレル（衣）とフード（食）の業界では、程度の差はあれクリエイティブ・ディレクターという仕事が認知されている。だからこそ勝者の「価値」、「付加価値」は最大化されている。ブランディングに一貫性があるからこそ、Tシャツ一枚の値段に数百円から数万円の違いが、握り寿司一貫の値段に数百円から数千円という違いが生ずる。クリエイティブ・ディレクションとは、創造エネルギーのロスを最小化する仕事でもあるのだ。

大地山と僕。表現手段は違えども、僕らはお互いデザイナーであり、クリエイターだ。ならばこの職能を軸足に、一歩領域を踏み出して俯瞰する目線を持ち、マーケティングから企画、デザイン、プロモーション、事業性の確立までの「一貫性」を、その点において今だ未開拓な建築、不動産の世界で実践してみたくなった。

父の貸しビル、社会の貸しビル

　僕の父は、貸しビル業を営んでいる。戦前から都心近郊で土地分譲の仕事をしていた祖父が遺した土地を活用し、父は1960年代、都市部への急速な人口流入にあわせて、デベロッパーから賃貸業へと会社の舵を切ったのだ。会社の名前は大島土地建設株式会社。土地建設という不思議な名称だが、戦前に祖父の興した会社の名称「大島土地」に対し、その土地に建設をして賃貸業に転換するという、連続性の意思と経緯がその名称に表されている。父は東京都中野区、東中野駅前のわずかな土地に、核家族向けの小さなアパート、マンションと、小規模オフィスを数棟、60年代後半から80年代前半までの期間をかけて、少しずつ建ててきた。

　僕が建築に興味をもつようになったのも、自分の生い立ちと同じタイミングで父が建物を建ててきたことと無縁ではない。僕自

大正14年「大島土地」を創業した祖父芳春

身東中野で生まれ育ったし、父の会社の裏が自宅だったせいもあり、建物が建ち上がる様子だけでなく、父の建物に暮らす人、父の建物で仕事をする人と常に顔をあわせて、可愛がられて育ってきた。

　父は「貪欲な投資家」という類の人間ではない。今に至るまで、新たに土地資産を取得することなく、80年代バブルの時でさえ新規の投資には一切手をつけず、東中野のごくごく一部の街並みを管理し、地域と家族の生活の安定だけを考え、朴訥に賃貸業を営んできた人だ。ただ都市部の経済成長にあわせた賃貸事業への転換、その判断は賢明だった。まさに時代の波に乗っていた。空室などという問題は、物心ついた時分の僕も全く耳にしたことのない響きだった。

　時代は変わり90年代後半、僕が社会人になった頃、それらの建物は築30年から40年をむかえ、老朽化だけでなく、景況の悪化、ライフスタイルの変化とともに、様々な問題を抱えるようになった。殊に築年数の古いマンションは、賃料の低下と空室が目立つようになっていた。そもそも一部屋10坪ほどの小さい面積でありながら2DKという家族向けの間取りは、老朽化以前にマーケットを喪失しつつあった。

　ここで僕が抱えた不安は、マンション単体の間取りや老朽化に伴う商品力の低下ではなく、人口減少に伴って根本的に縮小する賃貸住宅のマーケットと、そんな中での資産承継、事業承継するタイミングの問題だった。今すぐではないが、近い将来この時代のニーズに取り残されつつある建物たちを、引き継がなければならないこと。それは、父の時代とは違うマーケットを見据えて賃貸事業に取り組まねばならないことを意味した。

　地価、家賃は下落し、マーケットは縮小。老朽ビルはまさ

実家「大島土地建設」前で

にこれからが修繕費の嵩むタイミングだった。付け焼刃の修繕、営繕、リフォームではなく、長期的なビジョンを再構築し、効果的な再投資を行う必要がある。つまり根本的な問題解決策として、自らの不動産商品の価値を再度問い直すべき時期が訪れていると考えていた。

　東京の街並みは60年代〜70年代に、僕らの親世代の手によって様変わりした。自分自身が抱えている問題と不安は、高度経済成長下に賃貸業を始めた多くのビル、マンションオーナー、そしてそれを承継する人々、つまり同世代に共通する悩みだということに、そうこうしているうちに気がついた。悩みを抱えているうちに、これは僕個人の問題ではなく、社会問題だと感じたわけだ。

リノベーションは問題解決の手段

　不動産という商品を「クリエイティブディレクション」の考え方で再構築することに加え、賃貸不動産が今後抱えるであろう社会問題へのチャレンジ。当時同時に訪れたこの2つの思いは、僕らに「今行動せねば」という気持ちを抱かせるに十分なものだった。

　この2つの思いを、僕らはなんとか文章にまとめようとした。実プロジェクトが何もない以上単なる声明文だったが、タイトルは「Re＊Innovation（リノベーション）」。修繕、リフォームを超えた「根本的な問題解決策」。そしてその先の新たな不動産価値、生活の価値。それを表す言葉として、もう一度状況を刷新する、革新を見出すという意味を込め「Re＊Innovation」と称したのだ。根本的な問題解決のためには、再度マーケティングをする必要がある。クリエイ

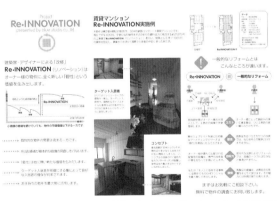

初期のパンフレット「Re・Innovation」2001年頃

ティブディレクションが必要だ。そして一刻もはやくそれを父の物件の空室を題材に実践してみたくなった。今手掛けなくて、いつやる。

　わがごとである賃貸マンションの「根本的な問題解決」と、不動産商品に対する「クリエイティブディレクション」。ミクロとマクロ、2つのテーマに対する実証実験は、父が所有する築35年にもなる賃貸マンションの1室で実行されることになる。

　1967年築、鉄筋コンクリート4階建て10坪2DK和室2間のファミリータイプ。一時期は13万円を超える賃料だった小規模核家族向けマンションも、2000年当時、9万円を割った賃料で募集をかける状態だった。

　駅から徒歩1分のこのマンションは、すでに核家族をターゲットとすべき物件ではなかった。2000年、新宿の西のはずれに位置する地味な街・東中野は、都心の新しい地下鉄、都営大江戸線の全線開通を控え、その停車駅として希望の光を見出そうとしていた。ビジネス街として目覚ましく変貌を遂げつつある六本木、汐留に15分〜20分でつながることになる。市場は変わる。ターゲットは30代。港区方面を職域とし、ライフスタイルに対する感度の高い、単身社会人。東中野とはこれからはそんな彼らが暮らすには魅力的なロケーションと考えられた。

　こうした状況から、父にオープンキッチン1LDKの間取りを提案し、僕らは内装工事、インテリアデザイン、プロモーション、家賃設定、募集まで、とにかく一通りチャレンジしてみることにした。

　当時この大がかりな工事に対する必然性を見出していな

かった父を説得するには、低予算での実現と、「やらせてください！」の情熱だけが頼りだった。提示された予算は100万円。ほぼスケルトンに近い工事内容にも関わらず、100万円。設計料込み…。工事を分離発注し、足りない部分、自分達でできることはすべてやった。安い建材をネットで探し、仕入れる。友人を巻き込む。地元の職人さん達に迷惑をかける…。ただでさえ住宅設計もろくにしたことがない僕らは、ずいぶん時間をかけた。やると決めて賃貸募集ができるまで、半年くらいはかけただろうか。

　新たに提案するライフスタイルは、図面やがらんどうの部屋では伝わらない。部屋が完成してもさらに、プロモーション作成にかなりの時間を費やした。モデルルーム化するために、自分たちの持ち物、100円ショップ、友人の作家が作った家具作品、テキスタイルデザイナーをしている僕の妹の作品。少ない予算とリソースから、ありったけのアイテムをかき集めた。金は使えないが、自分たちの持てる全ての叡智を絞り出し、多くの仲間の力を得て、ついにモデルルームは仕上がった。つぎに写真撮影。ライフスタイルのメッセージをより遠くに届けるためには説得力あるシーンを切り取った写真が大事だ。というわけで、ついでに僕は写真のモデルにもなった。アロハシャツで寛ぐ姿。悪乗りして、気味の悪い入浴シーンまで撮影する始末。そのころ僕らは「伝えなければ」という想い以上に、完全にそのプロセスを楽しんでいた。

　できあがった写真と図面を不動産チラシに仕立て上げ、当時、東中野でデザイナーズマンションに力を入れていた仲介会社に持ち込んだ。これを使って募集をお願いしたい。賃料12万円で、と。

結果は早かった。僕らと同世代のイラストレーター、漫画家の女性。理想的な入居者が、気に入って申し込んでくれた。その後彼女は10年間この部屋に生活し、創作活動をしてくれることになる。大事に大事に暮らしてくれて、おまけにこの部屋に出会って暮らし始めるエピソードを、自身の作品にも登場させてくれた。雑誌に記事が掲載されるより、感激だった。

　100万円の予算は結局150万円まで捻出してもらえたが、かかった時間、手間を考えれば、やはり僕らのビジネスは大赤字。ただし実証実験は成功だった。150万円の投資で家賃9万円の物件を12万円の価値に変え、しかも僕らのつくり上げた世界観、価値観に共感し入居してくれた、素敵な入居者がいたということ。

　これが賃貸住宅の「Re＊Innovation」だと確信した。目先の修繕ではなく「今」のマーケットを俯瞰し、「あらたな商

第一号案件「大島第3マンション301号室」（改修前）

品価値を構築する」。それが「リフォーム」とは異なる「リノベーション」だと。

そしてあらたな価値構築のためには、マーケティング、企画から、デザイン、プロモーションに至るまで一貫性を持たせることが大事であり、モノだけではなく状況を俯瞰する目線が必要だということも実感できた。

これがブルースタジオのはじめの一歩、リノベーション第一号物件が誕生した一部始終である。

改修後の「大島第3マンション301号室」

2000年とリノベーション

 2000年という年は、僕らのリノベ的行動を後押しするような出来事が「建築というフィールドの周辺部」で起きていた。
 たとえば不動産の証券化。不動産業界、金融業界に訪れたパラダイムシフト。不動産投資法人J-REIT (Japan Real Estate Investment Trust)の上場は2001年9月だが、それ以前からプライベートファンド(私募ファンド)は雨後の筍のように立ち上がっていたし、不動産以外にもエンターテインメントが証券化されたりしている状況は、世の中を動かす新しいエンジンが生まれたかのようなワクワク感があった。不動産の証券化と設計者の職能との関係は遠くないと感じた。不動産の価値を土地ではなく収益性、キャッシュフローから評価するという発想は、それまでの土地至上

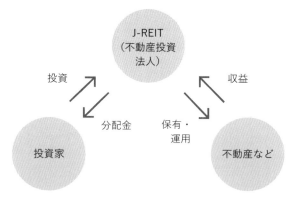

不動産投資信託 J-REIT のしくみ（出典：(一社) 投資信託協会 HP）

主義からの脱却を目指すもの。収益性とは、短絡的に言えば人気のある建物、良い建物に価値が見出される時代の到来を意味していたし、日頃、良い建物を作ろうと精進している僕ら設計者が業界内で果たせる役割、影響力は必ず大きくなると感じられたのだ。

　バブル経済崩壊後の「失われた10年」と言われていた1990年代には、山ほどの不良債権問題があった。それを根底から解決しようとする方策の一つが、証券化でもある。だからこそ証券化のスキームは、新たに開発することよりも既存不良債権、つまり既存不動産の再生を前提とするものが多かった。そんな収益不動産をもう一度料理しようとするプレーヤーは、経営のマインドをもった人々。いわゆる旧態依然とした不動産業者とは違って、彼らの判断は積極的だ。物件を取得する際には当然のごとく、バリューアップのための追加投資を視野に入れている。原状回復工事以上のことを考えたこともない不動産事業者とは比較にならないリノベーションマインドが、彼らには備わっていたのだ。

　2000年とはそんな人々や企業がどんどん生まれ始めた時代だったし、それは僕らの「リノベーション」という方策に対する想いを確固たるものに成長させてくれる、大きな変化の波だった。

　その翌年から、僕らは自分たちの仕事について言い表すとき、「クリエイティブディレクション」に金融業界の言葉を加えて「アセットマネージメントとしてのデザイン」と公言するようになる。

縛られたくない世代の縛られない暮らし

　リノベーションに取り組み始めた理由は、まだある。たとえば豊かさ、豊かな暮らしに対する社会通念の変化。僕らはそれを「ポストバブル世代以降の非物質主義」と考えている。

　ポストバブル世代というと、いわゆる団塊ジュニア世代、おおよそ1971年生まれ以降といったところだろうか。バブル経済崩壊後、ポストバブルの時代に大卒で社会人になった、ポストバブル時代の価値観を持った人たち、という見方だ。彼らが住宅の一次取得層になるのが、ちょうど2000年頃だった。彼らは自己の形成する生涯資産に対する感覚や価値観がそれ以前の世代とは大きく異なる。…いや、「彼ら」と言うのはよそよそしい、僕は1970年生まれ。まさに僕らの世代の価値観と直前の世代の価値観の隔たりを最前列で感じていた、と言ったほうが正しいかもしれない。

　なんといっても「借金をしてでも家を買え」という価格上昇を前提とした時代の住宅購入の発想が希薄な世代だ。さらにキャリアアップのための転職が一般化。ゆえに彼らは、長期の住宅ローンに縛られる生活なんて、まっぴらなのだ。決して背伸びをせず、見栄を張らず、身の丈サイズの価値基準の中で「今」の理想を具現化する。「自分らしさ」が何よりの価値と考える世代だ。

　そんな世代の価値観を満たす家があるだろうか。前職の会社を辞めたばかりで家を買う甲斐性のない自分にそんなことを言う資格はなかったのだが、明らかに自分自身が欲しいと思う家が、この世にないと感じていた。不動産業界に流通している建物、商品は、過去の理想モデルから脱却できていない

ものばかりに見えていた。そしてその疑問を最も的確に解消してくれたのが中古住宅、既存住宅という存在だった。

　新築、大型、終の棲家を今の自分の理想とせず、身の丈サイズでリーズナブル、今の自分に最適でコンパクトな中古住宅を自分仕様にリノベーションして暮らす、というモデル。都心や交通の利便性の高い場所ならば、結婚するとか子供が生まれるといった次のライフステージにステップアップするとき、貸したり売ったりすることもたやすい。ストレスなく自分らしい暮らしを実現する方法。当時の不動産金融ブームの言葉を借りれば「流動化」しやすい物件で自己実現を果たすというやり方は、自分たちの理想の住まいを考えたとき、一つの答えに感じた。

　リノベーションという方法で、生活に自分らしさを構築する。これは決して「ビジネスモデル」というほど緻密なものではなく、僕らにとってリアルな生活の、肌触りのようなものを感じることができる、ごく当たり前の発想だった。

「自分らしい暮らし」を実現するリノベーション

第1章：僕らとリノベーション　27

米軍ハウスでの共同生活

　既存住宅を工夫して住みこなす。実は僕らがそんなリノベーションの楽しさを信じるようになった原点は、大学時代の生活体験にある。大学2年生の頃、大地山を含む僕ら同級生3人組は、米軍ハウスで共同生活を送っていた。

　米軍ハウス、つまり戦後の進駐軍が建てた木造平屋の一軒家は、おそらく当時すでに築後40年以上は経っていたはずだ。とにかくボロかった。家の中は、常に砂埃が絶えないほど隙間風だらけ。冬はベッドに入るまでダウンジャケットを脱げなかったし、庭先に伸びた庇を支える柱は、腐って根元から風に揺れていた。でも毎日が刺激的で、楽しかった。利便性とは無縁のこの家は「住みこなす」魅力にあふれていたのだ。

　そもそも僕にとっては初めての親元を離れた生活だから楽しいのも当たり前だが、まず何よりシンプルで広々した間取り。これが僕らを自由にさせた。6間×4間の広さに3LDK。トイレ洗面も一緒の広々したタイル張りのバスルームは4畳半はあった。年季の入った板床はワックスの掛けがいがあったし、幾重にもペンキが塗られたゴツイ壁にさらにペンキを塗り重ねるときは、歴史の一ページに自分たちの生活を重ねる想いがした。全てがそろったワンルームアパートにはない生活の実感が、そこにはあった。

　米軍ハウスでの共同生活は、約1年半。多感な時期の男同士の共同生活には、どうやら限界があるようだ。でもかけがえのない、長く貴重な時間だった。

　実はその後も、僕はボロ家趣味を続けていった。ここぞ

という個性豊かなボロ家を渡り歩き、大学時代に通算4回引っ越しをした。「もうそろそろ壊す」という建物を探しては敷金、礼金を免除してもらい、格安で暮らすのだ。時間の蓄積に参加する感覚の、虜になっていたのかもしれない。おそらくそんな学生時代の感覚の延長に、今の仕事があるのだろう。

大学卒業制作にとりくむ

第 2 章

社会とリノベーション

2000年から今に至るまで、たくさんの動機と確信を抱き、飽きることもなく「リノベーション」をテーマに仕事をし続けてきた。いろいろなことがあったし、社会は変わった。門前払いを何度も食らった、不動産管理会社へのリノベーション営業。「最近リフォームの設計やってるんだって？」という、設計仲間の半ば憐れみの目線。中古住宅への融資に消極的な金融機関。まだまだ変化の途上ではあるけれど、そんなことに頭を悩ませていた時代は思い出になりつつある。

　たかだか10数年で、ここまで状況が変わると思っていなかった。いやむしろ、自分たちがテーマとした「リノベーション」が、ここまで社会問題と直結していたということに、仕事をしながら気付かされたという方が正しいかもしれない。

　再生、環境、二酸化炭素、サスティナブル、ストック活用、中古住宅流通、リフォーム、空室問題、人口減少、社会福祉、地域再生。頻繁に耳にする言葉は僕の中で、次々と「リノベーション」という言葉で繋がっていった。「リノベーション」を旗印に動き出す業界のイノベーターたちはもちろんのこと、住宅ストックに対する国策の変化も、目の当たりにした。

　既存住宅流通シェアを10年間で13％から23％に向上させる具体的目標が掲げられた、2006年の「住生活基本計画」を皮切りに、2007年の「200年住宅ビジョン」、2008年の長期優良住宅の普及促進に関する法案、2012年の「新成長戦略」に掲げられた10年以内の中古住宅流通・リフォーム市場倍増目標。その変化は明らかに、スクラップアンドビルド社会からの脱却を目指し始めている。業界では大手の不動産会社から街の不動産屋さん、大手ゼネコンから街のリフォーム屋さんまで、「リノベーション」という言葉を意識

しない人は稀だろう。

　価値観や消費者心理もずいぶん変わった。自分らしさ、モノよりコト、身の丈サイズ。この10数年を象徴する価値観の変化はやはり「リノベーション」という言葉で説明がつく。

あえての「中古」、あえての「賃貸」

　新築住宅を購入することができる経済力を持ちながら、あえて中古住宅を購入する人がいる。マイホームを所有することは人生の目標ではないと考え、軽やかに賃貸住宅を住み替える人がいる。そんな価値観が、当たり前に存在する世の中になりつつある。

　「新築」「買う」がアガリであった住まいのすごろくは、様相を変え始めたようだ。日本が長きにわたり国策として進めてきた「新築、持ち家」政策の対極に位置する「中古」と「賃貸」。ながく「二流生活」の象徴でもあったかのようなこの住環境の選択肢が、今、新たな住環境のコンセプトとして、脚光を浴びようとしている。

　さて、この「新たな」コンセプトとして、中古住宅を購入する人々を「流動資産派」、賃貸住宅を転々とする人々を「新賃貸派」と呼んでみよう。

　「流動資産派」は、人生に2回以上自宅を購入するタイプの人。彼らは流動化、つまりそう遠くない将来に、売却もしくは賃貸化しやすい資産として中古住宅を購入する。たとえば30代で初めて購入する家を、高価な新築大型物件とせず、都心、職場に近いなど、利便性が高いロケーションに、コンパクトでリーズナブルな中古物件にすることで、賃料相場

以下のローン返済額で、自分らしく暮らす人。手に入れた物件は自分仕様にカスタマイズしたり、生活費への賃料負担が抑えられた分、遊びに自己投資に、可処分所得を有効活用する。家族ができたり遠隔地への赴任が決まったりとライフステージが変わった時も、コンパクト＆リーズナブルな物件ゆえ「貸す」「売る」も思いのまま。不動産金融的な見方をすれば、これぞまさに「流動化」させやすい物件を渡り歩く「流動資産派」のやり方である。

「新賃貸派」は、そもそも住宅ローン懐疑派だ。不動産価格の上昇は見込めず生涯所得も想定しにくい時代に、値を落とすことがわかり切っている住宅に対して、数千万円規模の借り入れをおこし、30数年の長期にわたりそれを返済し続ける。そんなことに、不自然さを感じる人々。もはや住宅ローンに対するイメージは、ネガティブな「負債」でしかない。彼らは「今」のライフステージに相応しい「賃貸住宅」を、その変化とともに次々と住み繋いでいく。我慢と忍耐の賃貸生活という認識はないから、賃貸住宅の質を見極める目も肥えている。新たな賃貸生活者。これが「新賃貸派」のやり方だ。

どちらも「今」と「自分らしさ」「身の丈」がキーワード。楽観的で遠い自分の将来像から割り戻した、最大公約数的な選択ではなく、リアルな今を自分らしく合理的に、かつ最小公倍数的に密度高く楽しもうとする、住環境の新しい選択だ。そこには「諦めの中古」「我慢の賃貸」というネガティブなイメージは皆無。新しい「中古」「賃貸」の価値観が芽生え始めている。

暮らしを「編集」

　そもそも理想の暮らしを手に入れるということは、暮らしに纏わる多様なパラメーターを編集することからスタートする。つまり限られた予算の中で、土地値、建物の仕様、住宅ローンの条件、家賃、間取り、インテリア、さらには生活費、教育費も含め、さまざまな要件のバランスをとっていくことだ。すべての項目を理想通りにするのは難しい。しかし自分の暮らしにとって、どんなことが一番大事なのか優先順位を考えて調整していくことを、暮らしの「編集」と呼んでいる。

　この編集作業の中で調整可能な項目は、新築住宅にこだわらず中古住宅にも選択肢を広げると、限りなく多く、広くなる。たとえば「街」というパラメーター。新築にこだわるのなら、親族の土地をあてにするか、業者が販売する限られた場所、つまりデベロッパーが、あるいは工務店がたまたま安く仕入れることのできた土地の上に、できあがった商品の中から選ぶしかない。選択肢は業者の都合に左右され、狭まってしまう。さらに売主は事業者で、利益が上乗せしてあるため、割高でもある。

　これに対して中古住宅、既存住宅は、個人が売主である場合が圧倒的に多い。不動産の売買を生業にしているわけではないから、業者が商品化した不動産よりも安く売ってもらえる可能性が高い。しかもどの街にも中古住宅はある。素敵な家だな、と見かけたあの家のオーナーが、実は買い主を探している、ということだってあり得るわけだ。つまりそこに住宅が存在する限り、どの街にも暮らせる可能性がある。

　特に「街」は、住まい選びをする上で、非常に大事なパラ

メーターなのだ。愛着を持てない街で暮らすほど辛いことはないし、逆に街や自分の属する地域社会が魅力的であれば、多少の不便さは気にならなくなり、生活の場に対する愛着は時間とともに増していく。街にはそれぞれ個性がある。暮らす街を選ぶことほど楽しいことはない。

　さらに中古住宅は既に建っている建物だから、建物の状況を見て選べる、築年を選べる、マンションならば既に住んでいる人たちの質や管理組合の財務状況、修繕履歴なども判断基準となる。既存住宅を住環境の選択肢にするということは編集可能な項目が「モノ」を超えて街、時間、人にまで及び始めるのだ。これだけ多岐にわたる編集可能な要件が生まれる既存住宅、中古住宅は、自分だけの暮らしを手に入れるために、うってつけの選択肢なのだ。

　「流動資産派」と「新賃貸派」に共通する夢。それは人生のなかに「物語」を織り込んでいくことだ。無理をしない、そして自由で自分らしい一貫性のある等身大のストーリーを、暮らしという日常、日常という人生に求めたい。そんな夢を手に入れる人々が、現れ始めている。

理想の暮らしを構成する多様なパラメーター

手段の「リフォーム」と考え方の「リノベーション」

「リフォーム」と「リノベーション」の違いとは何か？僕らが最もよく受ける質問の一つだ。多くの人はリノベーションを「大規模なリフォーム」と捉えている。間違った認識ではないのだけれど、それだけでは違いがよく分らない。

そもそもReformとRenovationという英単語はRe（再び）という接頭語の後に続く言葉の次元が違う。「カタチ（Form）」をどうにかしようというReformに対して、「革新・刷新（Innovation）」すべしというRenovation。

「古くなったり壊れたりしたから直す、取り替える」という修繕、営繕の延長にある「リフォーム」は、対症療法的な「手段」である。一方、ものごとを根源的に変化させようとする「リノベーション」とは、原因療法的な「考え方」だ。

時に状況刷新のためには「リフォーム」以外の、たとえば整理整頓や運営手法の見直し、委託している管理会社やその建物の名称を変えるといった、建物自体を直接いじらなくても効果を発揮するような「リノベーション」の手段がある。刷新すべき対象が一つの建物ではなく街のように広域な場合などは、個々の建物の新築、建替えさえも、その手段、行為の集積が「リノベーション」であると言っても過言ではない。

とある都市部の賃貸住宅。築40年、10坪・2DKファミリータイプを頭に描いてみよう。ここのオーナーは空室の増加と賃料低下に悩んでおり、何らかの手を打つ必要に迫られている。これに対し「リフォーム」の観点から手を打つとこうなる。

・和室をフローリング化
・システムキッチン、ユニットバスの新調
・エアコン全室標準装備
・多少色気を出して、アクセントウォールとしてインパクトのある色彩をあしらう
・間取りは2DKのまま

　さて、これで問題は解決するだろうか。
　この賃貸住宅を、さらに俯瞰してみよう。これは40年前、都市部への大量な人口流入と核家族の急増という社会現象にあわせ、小さいながらも当時の住宅ニーズのど真ん中を狙って、市場に投入された商品だろう。しかし時代は変わった。現代社会においてこんな狭小ファミリータイプは常識はずれであるばかりでなく、そもそも人口減少、核家族世帯の減少によって、既に社会的な使命を終えている。
　10坪というサイズのハードウェアに、2DKファミリータイプというソフトウェアがインストールされている。10坪とは一人暮らしには大きく、家族暮らしには小さいように思えるが、このサイズには新しいニーズが生まれている。40年前であれば、あまり考えられないような人たち、たとえば自宅でネットを使い仕事をする人、あるいは30代の二人暮らしで、子育てより趣味に仕事に楽しく暮らしていこうよという人たち。現代では、さまざまな生き方、暮らし方をする人々が現れ、彼らは自分らしい住まい方ができる家を求めている。つまり問題は、10坪のハードウエアと、2DKファミリータイプというソフトウエアの組み合わせのバランスが崩れてしまったことにある。

それならば一旦、ソフトウェアを消去してしまってはどうだろう。築30年40年を古いとみるか新しいとみるかは人それぞれだろうが、しっかりと管理されてきた建物であれば、ハードウェアの性能としてはまだ十分活用出来るレベルだ。まだまだ使えるハードウェアに対して現代的なソフトウェア、例えば「10坪1LDKシングル向け」「10坪スタジオタイプSOHO利用可」といったソフトウェアを入れる。それだけでも状況はガラリと刷新される。デザインや性能の問題では無い。

「リフォーム」自体を否定したいのではないし、実際、必然的にやらなくてはならないこともある。それ以前に、そもそもマーケットがどう変わったのか、社会がどう変わったのかということから考えるのが「リノベーション」なのだ。つまり「リフォーム」とは「リノベーション」という、状況刷新のための大きな考え方やビジョンのもとに選択される、手段の一つなのだ。

空き家時代の「物語」

100年後には半減すると考えられる急激な人口減少の中、総務省2013（平成25年）の住宅・土地統計調査によれば、我が国の空き家率は13.5パーセント（空き家数約820万戸）。民間賃貸住宅に限っては22.7パーセント（約429万戸）。5戸に1戸近くの賃貸住宅が空き家という異常事態が起きている。実数にすれば賃貸住宅に住む1226万世帯の人々に対して、ストックが1586万戸という供給過多の状況。この空き家問題には様々な側面があれども、ストック賃貸住宅の再生は、これ

からの時代の大きなテーマであることに間違いはない。

　しかもすでに、住宅は量ではなく質が問われる時代だ。じゃあ住宅の質、価値とは何だろう。性能至上主義も既に過去の価値観だ。ハードウェア(物)だけの質、価値は常に更新される運命であり消費の対象になってしまう。消費されない価値とは経年や環境の変化、あるいは住み手使い手の個別性が価値として蓄積されていくようなイメージだろう。実際に近年、市民権を得てきた「長期優良住宅」。その定義にもスタティックな要件だけでなく、景観との調和や可変性、維持管理の容易性など、経年や環境の変化を受け入れられるような要件も求められている。

　可変性や個別性の価値とは、住宅、建物だけではなく、現代社会においては、ほぼ全ての商品やサービスに求められている価値だ。ピラミッド型の相対的な価値が右へならえで共有されていた時代はとうの昔に終わっている。こんな時代に価値として求められるのは、ストーリー性、つまり「物語」。物語とは、物が雄弁にその存在意義を語るということ。何故その「物」はそこに存在するのか、そしてどんなことがそれを切っ

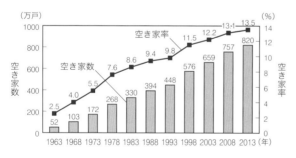

空き家数と空き家率の推移（1963〜2013）
（資料：総務省統計局「住宅・土地統計調査結果」）

掛けとして起こり得るのか。見る者、使う者がその状況を自然に理解することができて、想像力を逞しく成長させ、さらには自分のものとして咀嚼していけるような存在。それが物語のある建物であり、不動産と言えるのではないだろうか。

　優秀な物語とは普遍的であると同時に、変化に対して寛容だ。シェイクスピアの物語が何世紀にもわたり、様々な解釈で演じ続けられているように。

共感の輪

　建物とは社会的な存在だ。現代日本の社会において残念ながらそれは未だに車や家電製品と同じように耐久消費財の扱いを受けている。しかし本来、建物の耐久年数は人の寿命よりもはるかに長く、「社会資産」としての側面が大きい。「個人資産」として好き勝手に建てられた建物も、相続の段階においては社会的な存在になる。あるいは融資を受けて建設をした建物はそもそも、金融システムの中における社会資産だ。つまりその価値とは、客観的な評価基準であったり、存在そのもののバトンを受け取りたいと思える人々の共感の輪の大きさや厚みによって決まるものなのだ。

　共感を呼ぶ建物とは、共感を持てる物語が存在する建物である、と僕は考えている。ある箱に誰かが住まうということは、その空間をいいと思う、共感する人が存在するということだ。その共感が広がれば広がるほど、その箱の価値は高くなっていく。機能だけで物語の存在しない建物は、時間とともに劣化する一方で、その価値は経年によりただ陳腐化し、消費され、忘れ去られていく。個人差なんていう言葉は、不

動産にはありえない。建物は、全部自分で金を出していようが、全部自分がリスクを取っていようが、社会資産なのだ。

そもそも社会性の高い建物。例えば賃貸住宅や商業施設、あるいは公共施設といった建物には、ことさら共感を呼ぶ物語が必要だ。なぜならばこれらの建物は、オーナー以外にテナントやテナントの顧客、さらに管理者など、多くの人間が継続的に関わるものであり、それらの人々が一つの価値観や世界観、つまり物語を共有できているかどうかということが、その建物の価値の持続性に影響するからだ。

共感を呼ぶ物語は、関わる人々に「当事者意識」を生じさせる。仮にそれが、入居者のような利用者側だったとしても、彼らはオーナーと同じように当事者として、自らの属する環境を良くするためのコミットメントを惜しまないし、更にその魅力を他者に伝えたくてしょうがないと考え始める。共感の輪が広がっていくのだ。

では、そんな共感を呼ぶ物語を紡ぐことのできる建物は、この世にどれだけあるのだろうか。

その答えを僕は「全ての」建物だと考えている。

建物に罪はない。要は、その建物に関わる人々の意識の問題だ。

あなたでなければ、ここでなければ、いまでなければ

共感の輪、共感の連鎖を生む物語はどうやって生まれ得るのか。それには3つの「でなければ」が必要だ。それは「あなたでなければ、ここでなければ、いまでなければ」。この3つの「でなければ」できないこと、あり得ないことを、しっかり

と対象案件に対して見いだすこと、もしくは与えること。これに尽きる。

この3つの要素とは、言い換えれば「人、場所、時間」の要素であり、「キャスト、シーン、シナリオ」。つまりまさに「物語」を構成するために必須の要素だからなのだ。

何故そのオーナー（もしくは事業者）でなければできないことなのか、何故その場所でなければできないことなのか、何故今このタイミングでなければできないことなのか。この3つのポイントの、一つでも何故なのかが伝わらない建物は、共感を生み得ない。それぞれのメッセージが強ければ強いほど、わかりやすければわかりやすいほど、共感の輪はみるみる広がっていく。

ハーバード・ビジネス・スクールのマイケル・ポーター教授が提唱している企業の経営戦略のフレームワークとして「共有価値の創造」（CSV：Creating Shared Value）という言葉がある。これは、企業が自社の営利活動を行うことと社会的課題を解決することが同時に達成される状況を指している。共有価値、すなわち利己、利他の両方が同時に創造される状況を指すのだが、これはまさに共感の連鎖を生じさせるためのフレームワークと言える。建物を社会資産と捉えるのであれば、これからの不動産収益活動にはこのCSVの発想が不可欠なのだ。

リノベーションで生まれかわる街

建物価値の本質は、建物そのものではなく、その背景も含めた物語に宿る。物語を構成する人、場所、時間。それらが

生み出す複合的な状況は「街」と同義だ。建物価値の再生は、街の価値の再発見から始まる。そして再生の道筋は街の価値向上を見据えたものでなければならない。

　都市が縮退する時代、人口・世帯数は激減する。都市が生き残るために必要な行動とは、継続的な生活利便性や安全性の追求の一方で、地域性、個別性の再発見と、それらの価値の再編集だ。個別のアイデンティティが都市に存在してこそ、他の地域ではなく、その場に暮らすことの意義が見いだされ、暮らしぶりに対する共感の輪も広がる。グローバリゼーション一本やりで成長してきた都市が、ローカライゼーションとのバランスを必要とする時代なのだ。

　「あなたでなければ、ここでなければ、いまでなければ」。その意義を不動産に見いだそうとする行為とは、価値のローカライゼーションであり、同じ眼差しが街にも向けられなければならない。

　少子高齢化、人口減少は日本全国どこにおいても、免れることのできない現実。ただ一方で、どんなに縮退しようとしている街であろうとも、そこに人が暮らし、お国言葉があり、超えなければならぬ問題に対する時代の共通認識があれば、オンリーワンの答えはあるはずなのだ。

　僕らは「日常」の価値を再発見しなければいけない。あたりまえに存在している、自分たちが置かれている環境の価値を。それが価値のローカライゼーションというものだ。グローバルに誰もが認める価値だけが大切な時代ではない。当たり前のようにその街に暮らし、歳を重ねたお年寄りだけが持っている人の輪や、バブル期の発展がなかったからこそ残された半世紀前の町並みや、若者がさまざまな想いで都市

から地方に積極的なIターンやUターンをしている事実だとか。そんな日常的な状況の絡み合う様が、見方次第でオンリーワンの価値になり得る。

　「恥の文化」を持つと言われる日本人は自らの日常生活をも恥ずかしいものだと思っている。寺社仏閣は誇らしき建築文化だが、文化住宅や木賃アパートは恥ずべき生活環境だと思っている。暮らしのダイナミズムや活きた生活文化の本質は、後者に存在しているにもかかわらず。この「日常」を愛で、誇りに思う感覚は確実にヨーロッパに比べて低いと言わざるを得ない。

　でも今の日本には「リノベーション」という既存の生活環境を活用しようとするものの見方がある。その視点をもって「日常」に目を向けてみれば、僕らはそこに今まで気付いていなかった無限の価値を見いだすことができるはずだ。

リノベーションになにができるのか

　そもそもバブル全盛期の学生時代、新築よりもボロ家を住みこなすことに魅せられて、あろうことか平成不況の最中にリノベの旗印で起業して、安定したインハウス設計者より、イバラの道を選んだ人生。だいぶひねくれ者だ。そんなひねくれ者の僕にこれからなにができるのだろうか。リノベーションの旗印をおろすつもりは、毛頭ない。親からは、私腹を肥やすことなく社会のために仕事をしなさいと育てられてきた。

　「リノベーション」になにができるのか。

　リノベーションとは、つくることにあらず、使いこなすと

いうこと。限られた資源、減少する人口、増える空き家、衰退する地方都市、失われる伝統文化。現代社会が抱える様々な問題を考えれば、消費文化から早いうちに足を洗って、あるものを使いこなしたほうが賢明だ、という時流に今後も変化はないだろう。

リノベーションは日本人の生活文化として定着していくはずだ。大事なことは、どうして僕自身が建築設計という仕事をしていながら、今に至るまで新築にこだわらずリノベーション、つまり改修・改築という仕事を、楽しみながら続けることができていて、これからも続けていきたいと思えるのかということ。

それは、埋もれている価値を発見する喜びに他ならない。建築にとって、街にとって、価値ある状況、存在を見出すこと、だれもが価値を見出していなかったものの価値を、発見すること。それは建築や空間じゃなかったりもする。人だったり、歴史だったり、文化だったり、仕組みだったり。それは茶人の「見立て」に通じるものであり、宝さがしのような楽しさでもある。

誰もがダメだと考えていた状況が輝き始めると、とても嬉しい。良いと考えられていた状況がダメになっていくことを目撃するより、断然嬉しい。「ダメだと考えられていた状況」とは、実はその状況の当事者、つまり所有者や居住者、あるいは周辺の人々にとっては、身近で、愛すべき存在だったりする。その愛すべき日常の風景が輝き始めると、その嬉しさは多くの人に連鎖する。あいつはただの不良でごろつきだと思われていた青年が、スポーツで活躍した途端、街のヒーローになるみたいに。

レクチャー風景

　嬉しさの連鎖とは、共感の連鎖だ。応援しようという気持ちだけでなく、あの人にできたなら私だってできるかもしれない、あの建物でできたならこの建物でもできるかもしれない、という具合に、良い模倣の連鎖も生まれる。実は、こんな普通の人々に生まれる共感の連鎖、行動の連鎖こそが「街」そのものだったりする。

　無価値だと思っていたものから、つまりありふれた日常から宝さがしをし、自分にとってそれにはどんな価値があるかを、使い方、活かし方を考えて、行動してみて、人に伝える、伝わる。そんな、誰にだって行動をおこせる能動的な活動が「リノベーション」の本質なのだ。まるで、人間の潜在能力を見出すように。

　現代の日本は「いつでもどこでも、誰の手からでも、高品質なものやサービスを手に入れることができる社会」を実現した。それは、建物や街そのものを含めて均質な社会を産み、結果として選ばれるものと選ばれないもの、選ばれる街と選

第2章：社会とリノベーション　　47

ばれない街の両方を生んでしまうという結果を招いている。昨今の「地方創生」とは、選ばれなくなってしまった街に、再び選ばれる力と尊厳を呼び戻す政策に他ならない。

「いつでもどこでも、誰の手からでも高品質なものやサービスを手にいれることができる社会」とは、「消費者」を育て「当事者」を駆逐するプロセスだった。それは、人間の根源的な生命力や想像力を弱らせてしまう結果を招いている。僕はプロジェクトに対峙するときに、必ず「あなたでなければ、ここでなければ、いまでなければ」をクライアントに問い直し、その検証を行うことから仕事をはじめている。これはクライアントをはじめとして生活者、利用者に至るまでプロジェクトそのものを、力強い「当事者の環」に育て上げていくための大事な初動だ。

僕は自らの仕事を、スーパーパワーや画期的な発明をクライアントに提供することだとは思っていない。クライアント自らの人間性を源に「人・場所・時間」に関する潜在能力を最大化させることだと思っている。

リノベーションの発想とは、建物や空間の再生ではなく、そもそも人間性の回復を意味しているのだ。

ここ数年、どんな不動産再生の仕事をしていても、建築設計の仕事をしていても、かならず「福祉」について想いを巡らせていることに気がついた。高齢者福祉、児童福祉をはじめ日本の社会福祉制度の先行きに暗雲が立ちこめる今、「リノベーション」の発想で人、街の潜在力を見出し、それを再編集し、暮らしの総合的な環境を力強く、かつ優しく愛着を持てるものに育てて行くことは「福祉」の思想そのものじゃないかと。こどもをたくさん産ませることやお年寄りを長生きさせること

が福祉の目的ではないし、ましてや施設の数・性能・規模を整備することが制度の目的であるはずもない。提供する側とされる側が区別されるべきものでもないはずだ。

僕ら生活者が、日常的な生活環境の中で人間性を回復し、自らが果たせる役割を見出し、当事者として支えあい暮らしを育むことができるということが、理想的な福祉社会なのだと思っている。

「リノベーション」という言葉にはそんな理想社会を創りあげるためのヒントが満ちている。まだまだやれることは山ほどある。

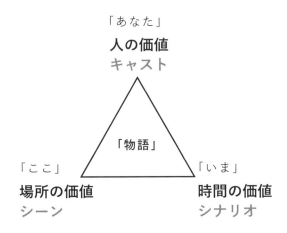

選ばれる場を生むためのトリニティー

第 3 章

ブルースタジオと
リノベーション

ブルースタジオの仕事
——「モノ」「コト」「時間」のデザイン

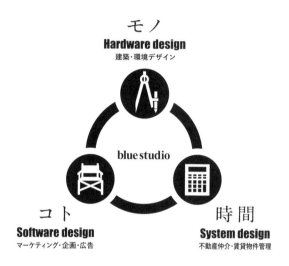

ブルースタジオの「3つのデザイン」

　僕らは建築設計事務所なので「モノ」のデザインをするのは当然だが、「コト」のデザインもする。コトのデザインとは、マーケティングやプロモーション。建築とは非常に社会的なモノであり、その価値を裏付けるのはモノの背景にある社会環境やモノが生むコミュニケーションの力。それがコトだ。そして更に僕らは「時間」のデザインもする。時間のデザインとは不動産管理やアセットマネジメント。僕ら

は宅建業者でもあり、自らが関わった不動産の継続的な客付け、管理も行う。建築とは他のプロダクトと比べると非常に寿命が長く、都市景観そのものを形づくる。建築の価値の本質とは造り上げることにあらず、その価値を持続させることにあるのだ。

　建築そのものを「作品」と呼び、それが存在する社会的、経済的な背景に無頓着な「建築」の業界。不動産はすなわち権利であると主張し、建築を敷地主義、建物主義に則った「商品」として扱う「不動産」の業界。

　その両方の業界の持つ違和感をデザイン、マーケティング、コミュニケーションの力で繋ぎ、未知の価値を生み出そうとするのがブルースタジオの仕事であり発想の源だ。

　この章ではブルースタジオがこれまで手がけて来た物件の中で、特徴的な１１のプロジェクトを取り上げ、そこにある「モノ」、「コト」、「時間」のさまざまなデザインのチューニングを見てみたいと思う。

その場にあるべき
働き方を発明する

ラティス青山

renovation case

1

地域社会のハブをつくる

　南青山一丁目で手掛けたビル一棟まるごとをコンバージョン(用途変更)したプロジェクト「ラティス青山」を紹介する。そのビルは、昭和40年に、あるゼネコン本社ビルとして建設された。鉄骨鉄筋コンクリート造8階建て、東京の地下鉄、青山一丁目駅の真上、青山通りから見ると青山ツインビルの裏手に位置している。40年が経ち、このビルをテナントとして使い続けたゼネコンがビルから退去することになり、今後の活用方法が求められた。さらに10年後には隣地と一体で開発する可能性があったため、それまでの暫定活用として考える必要があった。

　ここでは、このビルがどんなに素敵なデザインに生まれ変わったかという話ではなく、一時代の役割を終えた建物が次の時代をどう生き抜くか。その存在を地域社会の中でどう役立てるか。どういうプロセスで新たなニーズ、マーケットに対して価値をリポジショニングしたかについて触れたい。

　このビルの所有者から相談を受けたのは2002年、ちょうどその頃、都心ではオフィスビルの「2003年問題」がささやかれていた。「六本木ヒルズ」などの大規模再開発が2003

ラティス青山のエントランス

年に立て続けに竣工し、新しいオフィス床が一挙に大量供給されることによって、中規模以上の古いオフィスビルに大きな影響が出るだろうと危惧されていた。ただでさえバブル崩壊後に弱っていた築古のオフィス群が、とどめを刺されてしまう。

　当時は、オフィス賃料の低下とともに都心居住が再び活発になりはじめていた時期でもあったので、最初は用途変更を行い、賃貸マンションとして活用したいという相談をいただいた。しかし、単純に最新設備を備えたマンションに用途変更(コンバージョン)すれば問題なしというわけにはいかなかった。というのも、当時「コンバージョン」という考え方はこれからの建設業界、不動産業界の活路を語る上で必要不可欠と言われていたにもかかわらず、実際には大規模改修工事は、手間も工事費用もかかり過ぎて経済性が成立しないケースが多くみられたからだ。つまりコンバージョンにしろ、リノベーションにしろ、新築の仕様をベンチマークとした「新築の模倣」を目指してはならないことは明らかだった。

　そこで僕たちは「新築では成し遂げられないこと」を見出そうとするスタンスを取ることにした。新築では決して手に入れられない価値とは"時間の蓄積の価値"だ。それは建物がアンティークだということだけではなく、地域の中で建物が都市景観の一部として担ってきた役割、存在感のように、周辺地域の人々との関係性に着目するということだ。

　この建物の場合はロケーションが特徴的だった。周辺の誰もが認識するランドマーク的な場所であると同時に、ゼネコンの本社ビルとして50年間その場に存在し続けた存在感に留意し、その利用価値は単なるプライバシーを重視した集

合住宅よりも別の活用方法を取るべきだという点がポイントだった。そこに事務所を持つこと自体がステイタスになる小規模事業者がまだまだいるはず。ただし特定の業種に特化し、そういった価値観を共有する事業者、人間を集め、その人たちが切磋琢磨できるようなコミュニティをつくろうと考えた。

土地のリサーチを重ね、ターゲットを絞る

　ターゲットの設定は、周辺環境の入念なリサーチに基づいている。このビルを広域地図で俯瞰すると、青山一丁目、国道246号線、東宮御所、六本木、赤坂、外苑前、表参道と大体同じ距離になる。一方で、家賃は周りに比べて落ち込んでいる場所であることがわかった。なぜ家賃が安いかというと、周りに都営住宅の古い建物が多かったからだ。

　アクセスがよい場所なので、駆け出しのデザイナーやクリエイターが自分たちの事務所を構えるという状況がみられた。そこで、周辺の建物のクリエイティブ率を調べてみた。と言っても、それは会社名で判断するしかない。「○○デザイン」「○○企画」といった社名が付いているオフィスを探し出し、集計したところ、このエリアはクリエイティブ率が非常に高いことがわかった。

　ここで言うクリエイターとは、広告関係者と言っていい。とりわけ、駆け出しのクリエイターは、賃料が安いことを前提に、青山近辺に事務所を置きたいと考えている。そして彼らは、賃料で物件を選ぶ。そのほかの環境については選択の余地がない。

一階エントランスホール

ラティス青山

(右:改修前、左:改修後、2014年に解体)

住所:東京都港区／構造・規模:鉄骨鉄筋コンクリート造 地下2階地上8階／敷地面積:669.80㎡／延床面積:4,146.95㎡／既存築年:1965年／改修竣工:2004年4月（工事期間6ヶ月）／住戸数:44戸

　こうした場合、たとえば4畳半の部屋がボスの部屋だとか、風呂場にコピー機があるとか、仕事場にふさわしい使い方ができないことも多い。打ち合わせするとなると、近くの喫茶店か別の場所に行くしかない。しかし彼らは、職場環境に誇りを持てるような、人を招けるような場所がほしいはずだ。ニーズがあれどもハコがなかったのだ。彼らの払える賃料はおそらく20万円前後。その予算とターゲットを見極め、どのような提案をしていくかを考えた。

コンセプトは「クリエイターズビレッジ」

　僕たちは、この建物をクリエイターたちが集まれる場所、つまりコワーキングを実現するビルにすることとし、「クリエイターズビレッジ」をコンセプトにした。

　同類が集まることで互いにクレームが生じにくいことを期待して、あえてクリエイターに限定して計画した。2階から上はSOHOタイプにしているが、クリエイターが集まることを考えると、自分で部屋をつくり込める空間が前提になる。ターゲットを絞り込むことによって工事箇所を減らすことができる。人の集まるコミュニティの場を考えれば、余計な設備は必要ないことになるので、どんどん工事箇所を削っていけるのだ。その結果、改修を行うことで、部屋の中はほぼスケルトン状態となった。

　1階の入居店舗は、コンペ方式で決めることになった。「クリエイターズビレッジ」というビルオーナーがコンセプトのもと、どのような店舗を展開するかを数社に提案してもらった。

　最終的にはカフェカンパニーの「カフェ246」という店が入ることになったのだが、カフェカンパニーの提案は「昼の15時までは惣菜を出し、夜の3時までお店を開ける」というものだった。デザイナーは夜でも打合せをするし、小腹が減ったら何時であろうとご飯が食べたい人が多いからだ。それだけではなく、隣にブックストアを出すという提案もあった。これは通常の書店とは異なり、輸入書やデザイン書など高価な本を多く扱う店舗で、上の階で仕事をしているクリエイターたちにとっては、リファレンスになるというわけだ。仮に高いものを売ったとしても、仕事のネタになるので

買ってくれるお客さんがいる。つまり、お互いの利害関係が一致するのだ。

カフェは、ここを使う人にとっての共通のリビングやダイニング、打ち合わせの場にもなる。これは、建物の住民に限らない。地域にもともと多いクリエイターたちも打合せに来るし、本を買いに来る。つまりこの建物が、地域のハブになっていく。

また、このビルには地下に広い空調機械室の空間があった。ところが、全館、個別のパッケージエアコンに改修するため、この大きな空間が必要なくなる。だったらそこをフォトスタジオにして、入居者たちが仕事に使う素材を撮影できるようにしようというアイデアも生まれた。さらに、地下2階は共通で使えるトランクルームとした。賃貸スペースは5坪程度の小さい部屋なので、書類の置き場が別にあったほうがよいからだ。このようにテナントミックスを行うことで、とても使い勝手のよい状況を生み出すことができた。

いい建物は、入居者が営業マンになる

竣工初期の頃、1階のカフェで入居者同士の名刺交換会を行った。これがきっかけで、カメラマン、デザイナーといった入居者の互いの職業が明らかになり、「一緒にやろう」という話が生まれた。そしてここへ打ち合わせに来る人たちが、そういった環境を見ると、入居したくなる。一度こういう仕組みが回りはじめると、自然とここにいる人たち自身が、建物の優秀な営業マンになるというわけだ。

僕たちはいわゆる仲介業、自分たちがつくり上げた物件の

客付けをしているわけだが、こういう物件は、特に広告を打たなくても入居者が紹介し合い、問い合わせが自然と来る。「部屋が空いたら仲間が入りたいと言っているから教えてくれ」といった具合にだ。そういう仕組みができ上がっているのだ。

　つまり、この事例は建物でファンをつくっているとも言うことができる。いたずらに広告を打ち、「こんな素晴らしいところですよ」と一方的に訴えるスタイルとは異なり、居住者にその環境づくりに参加してもらっているのだ。使う人が参加できる余地があること、「参加可能な場所づくり」、これこそが、コミュニティ自体を発展させていく可能性につながっていく。

　暫定活用の終了に伴い、当初より取り壊しが決まっていた「ラティス青山」は、残念ながら、2014年4月に閉鎖し、取り壊された。しかし、10年の時のなかで、周辺のまちの人たちのハブとなり、ここをきっかけに地域が活性化されていった。今まで見えなかった人たちが集まってくるようになり、それに影響されて周辺にも店舗が増えていった。「ラティス青山」が取り壊された後も、この変わりはじめたまちを、とめることはできないだろう。

上:居室内／下:EVホール

歴史といとなみを場の価値にする

renovation case 2

うめこみち

賃貸住宅の社会的存在意義とは

　日本の空き家は、賃貸住宅の空き家がその半数を占める。つまり、空き家問題とは、借家の空き家問題と言っても過言ではない。そこに、持ち家の空き家も賃貸市場に流れていることを考えれば、空き家問題全体の実情はかなり深刻だ。新築時から経済合理性だけでつくられた安普請な賃貸住宅は、分譲用、持ち家用につくられたものと比べて、性能や仕様が見劣りしてしまう。では、そういった賃貸住宅は、強みや魅力、さらには社会的存在意義をどこに見いだせばいいのだろうか。

　この課題の一つの答えは、「共同体の価値」にあると僕らは考えている。たとえばマンションを複数世帯の共同体として考えて、分譲(区分所有)と賃貸による違いを見てみよう。

　分譲(区分所有)の場合は、権利がすべての所有者に平等に

改修前（昭和12年頃）

うめこみち

住所：東京都大田区／構造・規模：木造2階建／新築棟竣工時期：2012年1月／改修棟リノベーション完了時期：2012年1月（新築戸建木造2階建：59.00㎡、改修長屋木造2階建：各39.74㎡、新築長屋木造2階建：各50.51㎡）

振り分けられ、ルールに則った決議によって権利が行使される。一見理想的な共同運営の仕組みのように見えるが、現実は権利者同士が利己主義的に権利を主張し合ったり、逆にどの権利者も無関心であることが障害となる場合もある。

賃貸の場合は、複数の生活者で構成されていても、その生活環境の保全改良に対して絶対的な意思決定権はオーナーが持っている。それは言い変えると、リーダーが存在する共同体なのだ。オーナーが共同体のビジョンを描き、即座に実行できるということは、賃貸マンションの大きなメリットだ。区分所有権が集まり、多数決でしか共同体の運営方針を決められない分譲マンションとはこの点が大きく異なる。

共同体のビジョンを、オーナーの意思次第でつくり上げることができることは魅力ではあるが、これはオーナーの一方的な努力だけでは成立し得ない。そこには入居者とオーナーの両方に"共同体をより暮らしやすいものにしよう"とする当事者意識が生まれていなければならない。「うめこみち」は、その当事者意識を常に意識したコミュニケーションが結実した好例である。

戦後曳家され貸家となっていた家(右)

既存マンションのアプローチもあわせてコミュニティーガーデンに

前面道路から見た改修後のアプローチ

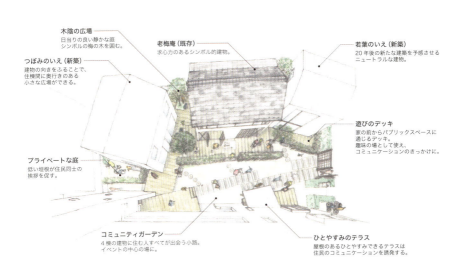

- 木陰の広場
  日当りの良い静かな庭。シンボルの梅の木を囲む。
- 老梅庵（既存）
  求心力のあるシンボル的建物。
- 若葉のいえ（新築）
  20年後の新たな建築を予感させるニュートラルな建物。
- つぼみのいえ（新築）
  建物の向きをふることで、住棟間に奥行きのある小さな広場ができる。
- 遊びのデッキ
  家の前からパブリックスペースに通じるデッキ。趣味の場として使え、コミュニケーションのきっかけに。
- プライベートな庭
  低い垣根が住民同士の挨拶を促す。
- コミュニティガーデン
  4棟の建物に住む人すべてが出会う小路。イベントの中心の場に。
- ひとやすみのテラス
  屋根のあるひとやすみできるテラスは住民のコミュニケーションを誘発する。

オーナーと入居者がともに育てる庭

あなたでなければ、ここでなければ、いまでなければ

　遊休資産の活用策として、賃貸住宅新築の相談を受けたのは、東京都大田区大森中、京急蒲田駅の隣の梅屋敷駅から徒歩7分の場所だった。施主はこの地に暮らして五代目という、由緒正しき地域の名士。相談を受けた土地は、施主の父親が住む母屋に隣接した駐車場だった。駐車場の中央には空き家となった木造の借家が建っていて、さらに隣地には施主の父親が30年ほど前に建てたファミリータイプの賃貸マンションが建っていた。母屋は築80年を超える戦前からの建物で、施主の曾祖父が建てたもの、駐車場内の木造借家は築約60年で祖父が戦後間もなく建てたものだった。

　この土地資産の活用が、30代後半の施主に委ねられた。施主からの当初の要望は、木造借家を解体し、これに駐車場を含めた土地に、新しく賃貸住宅を建てたいというものだった。

　周辺を見渡してみると、梅屋敷は今でも商店街が元気で人情あふれる街だった。駅に停車するのは普通列車のみ。ゆったりとした時間の流れる街だ。一方で沿線の先にある羽田空港は国際ハブ化に向けて急速に拡大しており、品川方面も新駅計画を含めた大規模開発が目白押し。梅屋敷を含む品川～羽田間のエリアは投資家にとってポテンシャルの高い土地とされていた。短期的な経済効率からすれば、ここには許容容積率いっぱいのワンルームマンションでも建てることが正解といったところだ。

　しかし、施主は地域に古くから根付く地主として、目先の動向に翻弄されることなく長期の目線で価値の持続する賃貸住宅をつくりたいと考えていた。仮にデザイン、機能が優

れたアパートを建設したとしても、ただそれだけでは次から次へと現れる競合物件の中で生き残ることは難しい。

　持続し成長する価値を作り出すためには、その施主でなければできないこと、そのロケーションでなければできないこと、そして今のタイミングでなければできないことを考えねばならない。同じ賃貸住宅でも機関投資家でもできるようなことはすべきでないし、どんな場所でも成立し得るような画一的な建物をつくるべきではない。そしてまさに今、社会環境が何を求めているのかを察知し、将来のビジョンを描けるかということこそが、強い賃貸居住環境を構築することに役立つ。

　代々この地に施主一族が暮らしてきたということを感じられるような場所に住む。そういう家族に守られているような感覚を、ここでは大事にすべきなのではないだろうか。それはここにしかない付加価値だということを施主に伝えたのだった。

　さらに施主の父親がつくった建物、祖父がつくった建物、曾祖父がつくった建物を、擬人化してみたらどうかと提案してみた。おじいさん建物、お父さん建物、これからつくるのはちびっこ建物。そういう「建物家族プロジェクト」にしましょう、とお話しした。施主の家族や歴史性そのものを価値に変えるのだ。

上:居室内部 ©山田耕司
下:地域をまき込んだオーナー主催のもちつき

建物だけではなく、施主の価値も捉え直す

　古い蔵の中から出てきた写真などをもとに、施主の父親の記憶をたどってみると、借家にしていた建物のことがわかってきた。最初は、母屋の横に曾祖父が増築した建物を、受け継いだ祖父が曳家をして切り離し、賃貸にしたものだった。それが父親の代でもそのまま借家として活用され、3代にわたって脈々と使いこなされてきたのだった。だからこそ、家族の歴史の象徴である建物を活用することでコミュニティのシンボルにしてはどうかと提案した。

　このようなプロジェクトの場合、建物の価値と同様に、施主が自身の家族について調べてみる。そのプロセスも大切なのだ。その成果として紡ぎだす新しい家族についての発見は、施主自身が持っている価値を発見するということ。つまり、物件のリノベーションには、施主自身のリノベーションも必要なのである。

　具体的なプランとしては、古い借家の建物は、軸組だけ残して再生し、二世帯の賃貸住宅にした。そして、この建物を挟むようにして、メゾネットタイプの戸建賃貸を2棟新築した。これで、全部で5世帯。新築の建物を改修した借家と連続性のある配列、デザインにして、周辺との調和を図っている。さらに、コミュニティガーデンに接する、30年ほど前に建てたファミリータイプの賃貸マンションは、部分的なリノベーションを行う提案をした。コミュニティガーデンを中心に、みんなで挨拶を交わせる場所を目指し、敷地全体で一体的な価値を与えることとした。

　コミュニティガーデンは、あえてつくりこまず、住民たちに

託すことにした。竣工時には閑散としていたが、その後、住民たちが芝生や植物を植えたり、少しずつ手を加えていき、徐々に緑が茂ってきた。住人たちはこの庭を毎日、通って行く。

　それぞれの家にはデッキを設け、庭から直接リビングへアクセスできるようにしている。古い日本の民家には、外と内をつなげる縁側がコミュニケーションの場になっていた。その要素をここでも活かそうと、縁側としてのデッキを深くとり、玄関としてのリビングへとつなげる。生活の中心となるLDKを外に対して開放したのだ。

　新築、リノベーションの3棟ともそのような考えでつくり、1階はLDK、2階は寝室となっている。この構成はすべての人に受け入れられるものではないが、このプロジェクトでは、コミュニティガーデンをはじめとした世界観やコンセプトに、新住人が共感してくれないと、このプロジェクトは成立しないのである。だからこそ、あえて人との関係性を明け透けでもいとわない人に入ってもらおうと、このような間取りにしている。そして現在は、主に30〜40代の夫婦が入居している。

地域住民も交えたオープンハウス

　建物の竣工が迫ったある日のこと、施主の父親が商店街の友人たちに、新しい家を自慢しはじめると、じゃぁ、見せてくれとなった。「だったらオープンするときに、家にある古い臼を出してきて餅つきをしよう」「"鏡開き"と"街開き"をかけてイベントしよう」あっという間に、竣工時に「街開き」イベントを開催することが決定したのだった。

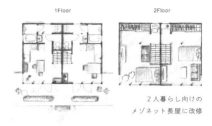

2人暮らし向けの
メゾネット長屋に改修

　招待客は施主やその父親の友人など、基本的には地域の人たち。そうして開催された「街開き」イベントに合わせて、オープンルームも催した。つまり、この日は入居希望者が見に来る場にもしたのだ。通常、物件の見学に来た人は建物だけを見ることになるが、ここでは、周辺の街の雰囲気はもちろん、施主が地域とどういう関係性を持っているかも知ることができる。施主が地域の人たちを呼んで、披露するという場に、入居希望者が参加したという風景は、いつもそこにある風景のようにもなった。

　そしてなんと、このオープンルームの日に、すべての入居者が決まったのであった。このコミュニティの一員になりたいと思った人が、住むことを決めたのだ。その住民たちが暮らし始め、もちろん日頃から声を掛け合い、一緒にご飯を食べたりしている。

　東日本大震災以降、機械的なセキュリティよりも、何かあったときに近所に相談できる住環境にある安心感が、一つの価値になってきた。「うめこみち」では、江戸時代から脈々と培われてきた施主家族の暮らしぶりや、この地域の名士であることの安心感を、新しい価値に変えた。だからこそ、「うめこみち」の魅力は、建物のリノベーションというよりも、施主の江戸時代から7代続いてきた家族の価値にある。

人と人をつなぐ
ハワイアンの調べ

テラス・コナ・サーフ

renovation case

3

父の想い

　鎌倉、由比ヶ浜。かつては政財界、文化人の別荘が立ち並んでいた由緒正しい別荘地の一角に「テラス・コナ・サーフ」というアパートがある。この名前は、僕らが命名したものではなく、30数年前に建てられたときからのものだ。このモダンな名称は、現オーナーご主人が、生前ハワイをこよなく愛しハワイアンミュージックのプレーヤーでもあったことにちなんで、ハワイの地名「コナ」を取って名付けられた。

　このアパートは、大手ハウスメーカーのツーバイフォー木造賃貸住宅でつくられたもので、2つの和室を持つ2DKが7世帯あった。築30年を超えて、間取りも現代のニーズに合わず、水廻りも老朽化していた。それに加え、ハウスメーカーによる一括借り上げ期間は終了し、オーナーは、建て替えか大規模改修のどちらかを迷っていた。何れにしても大きな再投資を行い、次の道を選ばざるを得ない状況にあった。

　アパートが建つのは、独特な落ち着きを持つ由比ヶ浜。オーナー家族は、戦前から隣接地に暮らし、アパート建設時に「テラス・コナ・サーフ」と名付けたのも隣地の新しい住人たちに同じ世界観、価値観を共有してもらいたいと考えた

テラス・コナ・サーフ

住所:神奈川県鎌倉市／構造・規模:木造2階建／専有面積:35㎡〜55㎡／竣工年:1984年(※リノベーション完了:2013年9月)／住戸数:7戸

改修前の外観

であろうことは想像するに難くなかった。

　僕らに問合せが入ったとき、オーナーご本人は自宅でひとり暮らしをし、息子家族は隣接するアパートに暮らしていたが、これを機に自宅に引っ越し、孫もあわせて三世代で住むことを決めていた。

　30年が経過したアパートには、ハウスメーカー数社が建て替え計画の営業攻勢をかけてきていたが、オーナーは乗り気になれなかった。その理由は、建て替えに要する膨大なコスト以上に、亡くなったご主人が既存の建物に込めた想いを引きついで活用する術はないかと考えていたからだった。

　建替えするのか、既存建物を活用するのか。僕らが、最も着目したのは次の二点だった。一つは、ご主人が「テラス・コナ・サーフ」という名前に込めたハワイアンの世界観。そして、それを受け継ごうとする家族の温かい一体感であった。

　生前、ハワイアン好きのご主人は、地域のハワイアンミュージック仲間と強い絆を築いていた。亡き後も、仲間たち同士は、元気につながっているという。そもそも由比ヶ浜という地は古くは別荘地で、スローな時間のつながりが残っているコミュニティがある。ハワイアン仲間の世界観は、現代における由比ヶ浜らしいコミュニティにもつながる密度の濃いものだった。さらにオーナー家族は、みんな大の仲良しだ。そんなオーナー家族だからこそ、アピールしうる魅力的な賃貸住宅のコンセプトとは何だろうか。そこで、僕らが提案したキーワードは「鎌倉の家族になりませんか」だった。

　家族が暮らす自宅と賃貸住宅を一体のものと考え、さらに蓄積された時間の価値を、これに重ね合わせる。リノベーション後の賃貸住宅の住人は、もはや一つ屋根の下で、オー

ナー一家と家族のようになる。そうして、仲良く楽しく暮らして行きましょう、というコンセプトである。

　一方で、鎌倉という土地は、ただ単に「鎌倉」というものを記号化して、住みたいと考える人も多い。しかし、鎌倉の魅力は、海やお寺やお店だけではない。そこには、鎌倉らしい住民コミュニティがある。その中にすんなり入っていくことができれば、もっと素敵な暮らしを提案できると考えたのだ。だからこそ、ご主人が築いてきた地域と家族の結束の象徴でもある「テラス・コナ・サーフ」の名を継承することにした。その名のもとに、家族と同じように暮らす仲間を募集しよう、と。

街にもひろがる共感の輪

　当初、アパートの敷地には前面道路に面して4台分の駐車場があったのだが、若年層の車離れも影響して、活用される機会が減っていた。考えてみれば、駐車場のスペースは、最も街と接する場所でもある。そこで、この駐車場のスペースにアパートの住人はもちろん、街の人たちも集えるテラスを設けることにした。まさに「テラス・コナ・サーフ」の「テラス」をそこにつくることにしたのだ。そして、このテラスを中心に住人同士で共有できるハーブ菜園や豊かな植栽を設け、人々に親しまれる景観をつくり上げた。

　リノベーション完了後のオープニングパーティーには、ご主人のかつてのハワイアン仲間たちが集まり、このテラスのこけら落としに花を添えた。もちろんおもてなしはオーナーの家族全員の笑顔だった。周辺地域の人たちにとっ

ても、それは懐かしい空気感だったのだろう、多くの人々がパーティーに訪れてくれた。そしてこの日「テラス・コナ・サーフ」を訪れた入居希望者のなかで、その光景と空気感を目の当たりにし、共感した人々が入居を決めてくれた。

その後、この新生「テラス・コナ・サーフ」に何が起きているのか。それは全ての人々の当事者意識の高まりである。アパートの住人は自らが共感したアパートやオーナー家族の価値観をもとに自らが属する住環境(コミュニティ)の質を一層高めようとしているし、オーナーもそんな住人たちを家族のように身近に感じ、いままでの賃借人に持つこともなかった高いホスピタリティの精神を持つようになったのだ。

時々、アパート住人とオーナー家族が一緒になって、テラスとその周辺の共用部分を活用して食事会を開いたり、野菜を育てたりしている。オーナーは収穫したブルーベリーをジャムにしてお裾分けをアパート住人たちにプレゼントすることもあるという。住人間の日常の会話や対話もごく自然に生じている。それまでは、オーナーの家族自体も核家族化していたが、この機会に祖母から孫までの多世代居住を実現した。しかし、そればかりでなく、街ぐるみで家族のような賑やかで活気ある状況をも手に入れ、毎日の生活を楽しく謳歌しているようである。もちろんこのような人と人の関係性は街にも波及し、周辺一帯に明るい雰囲気を与えている。最後には、地域の価値も向上させているのだ。

リノベーションの視点から活かされるのは建物ばかりではない。むしろそこに秘められた人のドラマと時間の蓄積が、新築や第三者では成し遂げられない無二の価値を生じうるという良い事例である。活かされたのは物語であり、そこから新たな物語が紡ぎだされたのだ。

上:オーナー主催のイベント
左下:地域の仲間たちで使いこなす場/右下:改修後の室内

第3章:ブルースタジオとリノベーション

公園のように
ひらかれた団地

たまむすびテラス

renovation case

4

団地を再定義する

　昭和30年代から40年代までに大量に建設された公団(現UR都市機構)の賃貸住宅は、現存するもので35万戸を超えており、多くの団地において建物の老朽化と同時に入居者の高齢化、空き家が深刻な問題となっている。UR都市機構では、これらのストック住宅の実験的有効活用を民間事業者と共同で実施する事業「ルネッサンス計画2」をハード、ソフト両面で実施している。

　東京都日野市に位置する多摩平団地はこの「ルネッサンス計画2」の対象団地だった。その事業手法は、まず建替え計画にともなって既に空き住棟となっていた5棟の建物を民間事業者3社が15〜20年間の契約でUR都市機構から借り上げ、各事業者が自らの事業計画に基づいて改修工事を行い、一般の賃貸住宅として活用するもので、2011年に全てがオープンしている。

　ブルースタジオは、その中の2つの事業者と共に、計3棟分の企画と設計、入居者の募集に携わらせてもらうこととなった。再生後の5棟の建物と敷地の総称は「たまむすびテラス」とした。このなかで担当したのが「りえんと多摩平」と

AURA243 多摩平の森

住所:東京都日野市／構造・規模:鉄骨鉄筋コンクリート造 地上4階／敷地面積:3,609.65㎡／建築面積:367.87㎡／延床面積:1,181.54㎡／既存築年:1960年／改修竣工:2011年7月(工事期間10ヶ月)／住戸数:24戸

改修前の外観

いうシェアハウス2棟と「AURA243多摩平の森」という子育て世代をメインターゲットとした賃貸住宅1棟である。

与えられた環境を住みこなす

多摩平団地は初期の団地で、昭和30年代中盤から後半にかけて入居が開始され、当時は全体で2400世帯を超える広大な団地だった。この地はもともと大正天皇の御料林だったこともあり、植生が豊かだった。建設以前からの樹林と、建設時から50年の歳月を経て育ったケヤキやモミ、マツの樹林が混ざり合い、今でも豊かな自然環境を形づくっていた。

建替えが計画され入居者が退去してから、既に8年近くの歳月が流れていた。その間は敷地全体に鋼板の仮囲いが施され、立ち入りのできない状況にあった。

団地を再生するにあたり僕たちが着目した多摩平団地の魅力とは、歴史の中で周辺地域の人々と共に歩んできた緑豊かな「都市公園」としての魅力だった。それこそが建物以上にかけがえのないこの団地特有の価値であり、なによりもこ

敷地内の菜園 © 吉田誠

上：りえんと パーゴラ ©吉田誠
下：りえんと 築山 ©吉田誠

の地域に開かれた公園としての役割を再生することが周辺エリアも含めた再生多摩平団地の価値となるだろうと考えたのだ。

　当時の団地建物は建蔽率が20％を割っていた。敷地に対する植栽や外構部分の面積は、民間賃貸住宅では絶対にありえない広さである。そして、外構部分は、そのほとんどが周囲に対して解放されている。団地とは周辺住民にとっても日常的に存在する都市公園みたいな存在なのだ。僕は東京の中野区東中野生まれだが、1970年代の東中野周辺には緑豊かな公園はほとんど存在せず、ぼくら子供たちに人気があったのは、近所の友達が暮らす都営住宅の団地だった。そこには大きな木があって土があって虫とりができたからだ。団地育ちではなくても、その環境は明らかに僕の心象風景だ。そういう意味で、地域の人間にとっても団地という環境は都市公園的なパブリックな場所なのである。

　そこで、多摩平団地という建物の再生よりも、地域に愛される都市公園として再生することを第一とすることにした。コンセプトは「環境住」。

　「住環境」ではなく「環境住」だ。あえて「住」と「環」を逆転させたのは、50年の団地の歴史や、それにさかのぼる御料林としての歴史から与えられた環境と状況を「住みこなしてみよう」という感覚からだった。住むための環境を考える開発者本位の考え方ではなく、環境はすでにある。そこに敬意をはらい住みこなすことを考えてみようということだ。50年の歳月を経て20メートルを超える大木になった団地内のけやきの木と同じように築50年の団地も多くの人々の心に焼き付いているはず。地域の人々に再び愛される団地環境

(都市公園)を再構築することによって、多摩平団地の暮らしは、その環境のど真ん中に暮らせる価値として新たな境地を見いだすはずなのだ。

地域に開かれた多様なコモンを持つ集合住宅

　建物や敷地内のさまざまな用途を地域に開く。それぞれがコモンスペースとして機能するように、2棟で3カ所あるシェアハウス(りえんと多摩平)の共用ダイニングには、外部に大きく解放したウッドテラスを設けた。それぞれのテラスは場所によって空気感が違う。

　一つは団地敷地の角に位置するので周辺住民を含めて多くの人々の往来を想定し、語らいと出会いが生じやすいよう腰掛けるための段差やベンチを設けている(かたらいのコモン)。もう一つの共用ダイニングは、けやきの大木が立ち並ぶ林に面しているので、誰もがゆったりと静かに読書などに講じることができるようなテラスとなっている(こもれびのコモン)。もう一つの共用ダイニングは、学生向けのシェアハウスのダイニングとして、明るく開放的なアウトドアダイニングとしてテラスをデザインした(おおぞらのコモン)。

　未就学の子育て世代をターゲットとして改修した「AURA243多摩平の森」の1階住戸には43㎡という専有面積に対して50㎡という広くて低い生垣に囲まれた専用庭が並び、その暮らしぶりが周囲からも垣間見られる。更にその敷地内には団地住民以外にも解放された貸し菜園やバーベキューコーナー「育みのコモン」を設け、さらに必要のなくなった駐車場跡地にはデンマークのコロニヘーヴを参考

上：菜園内のバーベキューガーデン
下：ミニコンサート

AURA243 多摩平の森 ©吉田誠

にした小屋付きの貸し庭もつくった。

とにかく街に開くことを重要視して全体を計画した。街に開かれた、さまざまなコモンスペースは、入居者にとっても周囲の人々にとっても親しみやすい場となり、再生された団地は街とともに新たな価値を育みはじめている。

当事者同士の対話の機会を増やす

多摩平団地の土地には、大正天皇の御料林だったこと以外にも、興味深い歴史がある。その一つに、戦後にカナダ人の宣教師アルフレッド・ラッセル・ストーン牧師が、この地の自然の豊かさに惚れ込み農村神学校をつくったということがある。ストーン牧師は布教活動時の1954年に発生した青函連絡船洞爺丸の遭難事故に遭遇し、そこで献身的な救助活動の末息絶えた。このストーン牧師は古くからの多摩平団地の住人にとってその豊かな自然と同じように、ある種の誇りとして語り継がれていたのだ。それくらいに多摩平団地の住人はもともとアイデンティティが強固だということが、徐々にわかってきた。

そうであれば、計画段階から既存自治会の方々にも加わっていただこうと、いろいろな話をうかがっていった。するといろんなことが見えてくる。階段室ごとにコミュニティ意識が存在したこと。階段室ごとに共用部分の大掃除を自主的に行っていたこと。団地で生まれ育った息子世代の思い出話。ストーン牧師の物語を紙芝居にして孫世代に語り継いでいること。そこでの対話は、後に地域と再生団地住人との関係の連続性にとても有意義な影響を与えることになった。

また、この「ルネッサンス計画2」は、それぞれの事業者が独自に事業展開ができるスキームであったが、採択された事業者同士が早い段階で声をかけあい、設計の協議会を設けて対話を続けながら同じ世界観と再生のビジョンを共有し計画全体を成立させていったことも成功に向けた重要なアクションだった。

　完成前には再生団地全体の名称を一般公募することとし、多くの人々の関心が喚起され、結果として近傍の大学生の応募による「たまむすびテラス」という名前が付けられた。街びらきにあたっては、このプロジェクトに関わった事業者をはじめ自治体や周辺住民、既存自治会の方々も一緒になって完成を祝った。完成までには非常に多くのかつ多様な人々の当事者意識が生まれ、5棟全てに渡って今に至る高稼働率の実現と魅力の維持に影響している。

　「たまむすびテラス」に暮らす人々は他の住棟に暮らす人々よりも、この地を居住地として検討すること以上に、そこに新たに生まれた世界観に惹かれて暮らしはじめた人たちだ。築年数と周辺相場に比して高額な家賃設定にも関わらず人気を維持している理由は、この地域社会と歴史とともに暮らす新たな団地生活の魅力にある。

プライドを
街の価値にする

renovation case

5

田中衡機ビル

オーナーにも建物にも訪れる社会環境の変化

　東京の都心、千代田区神田三崎町。この一帯のビルオーナーは、古くからこの地で暮らし商いを営んできた老舗中小企業であることが多い。それらのビルは大抵、5階から7階建ての中小ビルだ。賃貸であればフロア貸しで30坪から50坪が標準サイズだろう。多くの建物が高度経済成長期からバブル期の昭和60年代にかけて自社ビル兼住宅として建てられており、その後の時代の流れの中でオーナー不在の賃貸ビルへと建物利用の方法を変えている。これは、東京に限らず日本中の都市中心部に見られる状況だ。

　築後25年を経たこのビルも、創業から100年を超える計量機器製造会社がオーナーだった。緻密な技術力で今も成長し続ける優良企業だ。ビル建設当初は東京支社として一棟全てを自社で利用していたが、合理化をすすめる過程で徐々にフロアは外部に賃貸されていった。しかしやがて、このビルは賃貸オフィス市場で苦戦を強いられるようになっていった。新耐震基準、鉄骨鉄筋コンクリート造、外観は化粧パネル張りの瀟洒な建物にもかかわらず、長期にわたって空室を抱えていたのだ。この状態をぬけだすためにはどう

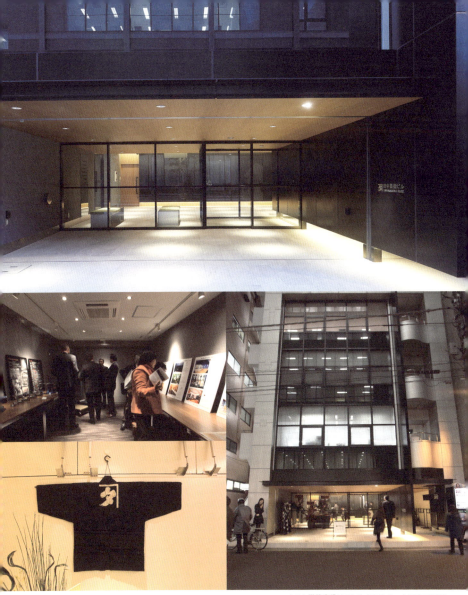

上：1階駐車場はエントランスホールに ©山本育憲
下3点：オーナーらしさを打ち出したオープニングレセプション

第3章:ブルースタジオとリノベーション

したらいいか。それが僕らへ投げかけられた問いだった。

損して得とるオーナーらしい顔づくり

　JR水道橋駅から徒歩5分圏の好立地ではあるが、このビルは裏通りに建つ。周辺には同じような規模と築年数のいわゆる雑居ビル的オフィスビルが多く、飲食店街の華やかな雰囲気もこのエリアまでは及ばず、町の印象はなんとなく沈んでいる。1階は賃貸収益を生んでいないオーナー自社利用の倉庫兼営業車のパーキング。上階の賃貸床はフロア貸し（1フロア1テナント）で約50坪。周辺相場から3割ほど割安の募集賃料にもかかわらず、空室を抱えていた。

　不人気の理由を僕らはこう分析した。この建物の賃貸物件としての主たる商品である2階以上の階、そこに向かうための建物玄関が著しく小さく暗いこと。それはもはや非常階段横の通用口といった風情だったのだ。それにもかかわらず賃貸床はフロア貸しで各階約50万円の賃料となる。50万円の賃料を支払うことのできる企業の顔としては、通用口程度の玄関は、あまりにも貧弱だ。これがテナントが決まらない一番の理由だと考えた。

　提案を行うにあたって、前提条件として1階の倉庫、パーキングは廃止してよかったこともあり、1階の活用策がプロジェクトの起死回生の切り札となることは明らかだった。

　この1階部分は裏通りとはいえ東京、千代田区、JR駅徒歩5分の路面。商業、店舗スペースとしての商品価値は高い。仮に洒落たカフェでも入居すればその分の賃料収益が確保されるばかりでなく、建物全体の印象も良くなるだろ

田中衡機ビル

住所:東京都千代田区／構造・規模:SRC造／地上7階建専有面積:110.2㎡~150.0㎡／既存築年:1987年3月／改修竣工:2013年11月

改修前の外観

う。しかしそれはあまりにも他力本願だ。そんな理想的なテナントが手を挙げてくれるまで口を開けて待っているわけには行かない。反対に望まれざるテナントが入居すればかえって状況を悪くする可能性も想定された。

そこで提案したのが「損して得をとれ」計画である。単体で見れば最も高い賃料を得ることのできるこの1階床の約半分を収益化するどころか、反対に賃料の全く生じない建物の間口いっぱいの幅を持つ共用のエントランスホールにしてしまおう、という計画だ。言い換えると、1階の賃料収益を放棄して上層階の価値を高める作戦でもあった。近隣の類似建物でも、表通りに面した築浅物件は、本物件の現状募集賃料の約倍の賃料で成約していることは調査済みだった。そのレベルまで賃料を向上させられる可能性はある。

実は延べ床面積1,000㎡、7階建て程度のオフィスビルで、これだけの大きなエントランスホールを持つビルは稀だ。2階以上の50万円を超える賃料を支払う企業も、このエントランスホールならばそのステイタスを満たすだろう。

さらにエントランスホールの奥、1階フロアの残り半分には5～7坪ほどのレンタルミーティングルームを2室設

けた。これは周辺地域のニーズに訴求する。この建物に限らずこの地域の「雑居ビル」に事務所を構える会社のワークスペースは総じて手狭なはずであり、専用のミーティングルームは持てていないと考えられた。つまり、新設エントランスホールに隣接するミーティングルームは周辺エリアとの接点となる。

小さくともプライドを持てる仕事環境

　結果は目覚ましいものがあった。工事完了後1ヶ月を経過することなく2階から上の空室3フロアに全てに申し込みが入り、永きにわたり契約に至ることのなかったフロアは従前の募集賃料より、若干高い金額で満室稼働となったのだ。

　入居を決めたテナントに響いたのは「小さくともプライドを持てる仕事環境」だ。現代社会において会社の価値とは、その規模、従業員数に比例しない。従業員数20名以下、少人数の優良企業が誇りをもって事務所を構えることのできる中小のオフィスビルがどれだけあるだろうか。大手デベロッパーやファンドが提供するハイグレードな大規模オフィスビルと、小さな優良企業のスケールニーズにはギャップがある。中小オフィスビルのリノベーションは、ここに勝機がある。「損して得をとれ」の作戦が功を奏したケース。

　実はこのプロジェクトには2つの時間の価値が込められていた。それは既存の建物が今に至るまで積み上げてきた時間の価値と、この先周辺エリアに波及し蓄積されるであろう時間の価値だ。ビルオーナーは100年以上の歴史を誇り成長を続ける超優良企業。これからビジネスを成長させて

行こうとするベンチャー企業にとっては、そんなオーナーが貸主のビルにオフィスを構えることは「験を担げる」ことになる。建物の随所にそのオーナー企業の歴史と価値観を体感できる要素をちりばめてある。建物の名称はオーナー企業の名前を冠したものをそのまま維持し、新しく生まれた1階エントランスホールには企業のルーツである創業時の取り扱い製品の姿を壁面レリーフとしてあしらうようにしている。これによって、横文字の不動産会社名や実体のないSPC（特別目的会社）が所有するファンド物件とは持てる愛着も違ってくるだろう。

　周辺エリアに波及し蓄積されるであろう時間の価値とは、このプロジェクトが生んだ効果が周辺エリアを浄化して行く可能性だ。1階の全てがエントランス化されたビルの路面の姿は美しい。猥雑さがなくなる。そしてこのモデルが建物価値の向上に役立ったということが周辺のビルオーナーに認知されれば、同種の路面スペースの改修が他のビルで連鎖的に行われる可能性がある。結果このエリアは全体として雑居ビル街から洗練された「中小企業オフィスビル街」へと変化していくのだ。店舗の賑わいは表通りのビルに任せておけばいい。裏通りのオフィスビル街だからこそ持ちうる落ち着きと格式のあるエリアの価値が生まれるのである。

　この建物オーナーでなければ、このエリアでなければ、そして市場が求める新たなオフィスニーズが生まれるタイミングでなければ、達成不能の有効活用策は、差別化と同時に新しい価値の長期的な持続性と発展性を生み出したのだ。

隠れた資源を
見つけて活かす

うおまちのにわ「三木屋」

renovation case

6

商店街のリノベーションプロジェクト

　このプロジェクトは、2012年2月に開催された第2回リノベーションスクール@北九州において、僕がユニットマスターを務めたチームにより企画提案され、その後の事業化にあたり、僕らが企画・デザイン監修を行ったものだ。

　物件は、北九州市小倉・魚町の商店街の裏手にひっそりと遺されていた築60年余の重厚な日本家屋。それをレンタルスペースとして再生し、パブリックな「うおまちのにわ」としての新たな役割を吹き込み、まちの人々の感性で活用し、使い継いでいくことで、その歴史や連続性を次世代の価値につないでいく「まちかどリノベーションプロジェクト」だ。

　通常、商店街の再生というと、商店街の閉まったシャッターをどうするかといった線状の空間をどう活用するかという話になるが、ここではもう少し視野を広げて、まずは地域の再生と捉え、見えない資源を発見していくことにした。

　小倉地域を住宅地図を見てみると、ブロックごとの真ん中にロの字型で空いているところがポツポツとある。実際に見に行くと、道沿いにはRC造の建物があるのだが、裏側には空洞があり、放棄された建物があった。表側のRC造の建

うおまちのにわ「三木屋」

住所:福岡県北九州市/構造・規模:木造・2階建/竣工年:1949年 (✻リノベーション完了:2012年10月)

改修前

　物が建つ前は、この放棄された建物の延長が商店街だった。つまり、RC造の建物が建つ昭和30年代以前は、ここは木造の商店街だったのだ。

　その後、経済成長とともに道沿いにRC造のビルを建ててテナント化し、商店主は、1階で商売をしながら奥の木造で住むようになっていった。昭和30年代から40年代までは、住みながら商売もしていたが、景気が良くなるにつれて、自分たちで商売をするよりも、テナント賃料のほうが高くとれるので商売をやめて出て行く人が増えていった。

　日本全国の商店街は、だいたい同じような問題を抱えている。もともとの商店街は職住近接、職住共存で1階で商店を行い、上階や奥に住むという状況だったが、いつのまにか商売をやめてテナント貸しに転換してしまう。しかし、景気が悪くなるとテナントは出て行ってしまう。自分たちは、商売をやめて30年くらい経ってしまっているので、戻ってきて商売をするという考え方を持つことはできない。そういう時代の中で、もともと住んでいた奥の住宅は、20年、30年放棄され続けていたのだ。都市防災的にも危ないというこ

リノベーションスクール時の現地調査

とで、北九州市からも助成金を出すから、解体をしてほしいと言われるような状態になっていた。

　現地を見学してみると、中は荒れ放題で無造作に置かれた物であふれかえっていたが、戦後初期に建てられた立派な屋敷だということがわかった。小倉という街は、新日鉄八幡製鉄所にはじまり、朝鮮戦争をピークに、日本経済を引っ張っていた街だった。往時は博多よりも栄えていた。そうして経済的に豊かな時代につくられた木造住宅だったからこそ、とても立派な造りだったのだ。華やかだった時代の小倉の記憶がここに眠っている。オーナーにうかがえば、ここで結納をあげた街の人達は何人もいたと言う。街の歴史そのものがここに蓄積されているのだ。だからこそ、どうにか活用する方法はないだろうか、と考えた。

隠れた資源を知ってもらうために

　リノベーションスクールを通して、このような隠れた資産、資源、価値ある建物をまず地域周辺の人に知らしめ、その

長年物置となっていた家をまずは大掃除

活用の仕方を考えることをやってみようとリノベーションをすることになった。

　リノベーションと言っても、まず最初のアクションは大勢の学生を巻き込んだ「お掃除ワークショップ」。この歴史を一つ一つ紐解くような作業で参加者には様々な発見と感動があった。その後も大きな建築工事はせずに、壁を塗り直し、貼り直し、照明を変える程度。構造として朽ちているものは助成金をもらって潰すことにした。建物を半分解体したためにできた大きな空地は、砂利を敷いて綺麗にした。ここは前面通りに接していないために、ビルの細い隙間を通って行くというアプローチを持つことになった。

　この場所は当初、レンタルスペースとして運用を始めた。レンタルスペースとすると薄っぺらく聞こえるが、実はこのことがとても大事だった。街の人たちは、こういう暮らしがかつて小倉にあったということを忘れてしまっていた。だからこそ、そういう地元の人たちに改めて使い方を考えてもらい、使いこなしてもらおうとしたのだ。

　これが旅館やそば屋、カフェにしてしまうと、使い方を限定してしまう。けれども、そうでなく、レンタルスペースにすれば、街の人がその存在をもう一度思い出して、多様な使い方をしていくことで関わることができる。たとえば、落語の会を催しましょうとか、ギャラリーとして使わせてくださいとか、結婚式の二次会をここでやりたいとか、ちょっとした厨房があるのでウィークエンドカフェをやりたいとか、料理好きの奥様方が集まって料理教室をやりたいとか、その使われ方はさまざまだ。

できることから始めよう

改修のきっかけとなった「リノベーションスクール」は、オーナーから案件を募って、まちづくり会社が借り上げたり管理をすることでサポートしていく仕組みを取っている。この場合も、まちづくり会社である北九州家守舎が、その管理オペレーションを行っている。そして、街の人たちが自分たちで街の価値を発見してレンタルスペースを使いこなしていくということを1年半くらい続けていった。

今では、オーナーがカフェとして活用しはじめている。というのも、レンタルスペースの運用は予想以上に管理が大変である事、またレンタルスペースとして使われるうちに、この場所の知名度が上がっていったので、こういう状況ならば自分たちでカフェができると判断したのだ。ただ、カフェをやりながら今でもスペース貸しを行っている。

最初からお金をかけて新しいビルをつくったり、リノベーションやコンバージョンを行って、一つの業態をはじめるのは、とてもリスクが高い。そうではなく、少しずつみんなで発見しよう、やれることからまずやっていこう、というスタンスでこのプロジェクトははじまった。そこに価値はあるので、みんなで綺麗にして、みんなで使いながら、ポテンシャルが見えてきた時に初めて投資を行うというプロセスだ。

建物の価値を活かすためには、通常は綺麗にリフォームして「古民家再生」となりがちだが、実はそれ以上に、存在自体に気がつくこと、そして使い方を皆で考えていくことが一番大事なプロセスだ。だから意外と自分たちの知らないところに、街の価値は眠っているのかもしれない。

上：時の流れが止まった場所
下：残された門扉

上：ビルの谷間に現れた「うおまちのにわ」
下：落語の会

モクミツを
住みこなす

nana、pinos

renovation case

7

木造密集市街地が抱える問題

　東京都世田谷区や杉並区など、環七の環状線沿いには、昭和30年代頃からつくられた木造密集地域がある。都市防災の観点から問題があると言われており、なかでも木賃アパートはその象徴のようなものだ。それらを壊してRCの耐火建築物にし、道路を広げることが、都市防災だという意見もあるが、それはナンセンスだと僕らは考えている。

　木賃アパートの問題は、防災だけではない。その一つが、木賃アパートの住人のほとんどが、高齢者、特に独居老人が孤立して住んでいるということだ。つまり、木賃アパートと高齢化問題はセットになっている。そういう人たちを退居させ、建て替えればいいというのは、乱暴な話だ。木造密集地域をゆるやかに変化させていくには、地域にコミットできる若者を集めてくることが大事なポイントになる。この住環境に興味を持つ若者たちが、積極的に関わることで、孤立した高齢者たちに活力が生まれてくる可能性があるからだ。

　そう思い至ったきっかけは、ある木賃アパートの再生プロジェクトだった。どのプロジェクトも、再生すると、20代後半から30代前半の人たちが集まってきた。こういった木

nana

住所：東京都世田谷区／構造・規模：木造・2階建／専有面積:14.56〜29.28㎡／竣工年:1971年 ✻リノベーション完了：2008年／住戸数:7戸

改修前の外観

造密集地域でも、ある世界観を与えれば、若い世代の人たちにも共感が得られる。ここに大きな可能性があると感じた。そのエポックとなった2つの木賃アパートの再生プロジェクトを紹介する。

イメージは、映画「アメリ」の世界観

「nana」が建つ場所は、小田急線の豪徳寺駅から歩いて2分、下北沢にも近いロケーションだ。オーナーは建て替えたかったが、都市防災の政策で道路拡張が予定されており、建て替えとなるとセットバックによって敷地が大幅に削減され、まともな建物が建てられなくなる状況だった。その時はまだ、計画道路が実施されていなかったので、セットバックして建て替えると損をするが、今あるものを活用するなら問題はない。そこで、既存の建物を活用しようということに

左上:サインボードや照明でも世界観を演出/右上:居室入口/右上の下:ポスト。木賃特有のさみしいものから変更
下:住民が企画して、まちを巻き込んでの展覧会が開催された。

改修後の外観 © 工藤朋子

なった。

　物件を再生しようとするときには、まずマーケットの変化を調べる。リノベーションは老朽化した建物をどうするかではなくて、マーケットがどう変わったのかを把握することが大事だ。この建物ができた昭和40年代の前半は、都市部に単身世帯が増えて、就業人口が増えた時期だった。世田谷はお屋敷が多いエリアで、地主たちは遊休敷地の中にアパートをつくるケースが多かった。しかし今は、そういうところに入る苦学生や勤労少年はもちろん、ましてや、そのままの建物では誰も住みたいと思えない。一方で、下北沢や三軒茶屋に近い立地は、そういう街に魅かれるタイプの人たちにとっては魅力があるものでもあった。そこで、根本からブランディングをし直すことにしたのだ。

　「nana」が建つ街はごちゃごちゃした街並みではあったが、古い商店街にカフェや雑貨屋、ペットショップなどが、いい感じで残っていた。それはまるで"おもちゃ箱をひっくり返したような街"だった。そんな街で楽しく暮らしましょう！と、女性をターゲットにしようということにした。木造の素朴な家を、パリのアパルトマンのように設えてはどうか。名前は、「nana」、フランス語で"少女"という意味だ。部屋数が7（なな）世帯だったということにもつながっている。そういったストーリーから建物のコンセプトをつくりあげていく。世界観とターゲットが決まれば、こうしてやるべきことは次々と決まっていく。

　この建物は構造補強を行った。一般的に、古い木造在来工法は構造補強がしやすい。なぜなら、腐っていたりシロアリにやられていると、木材が駄目になっていることが一目瞭然

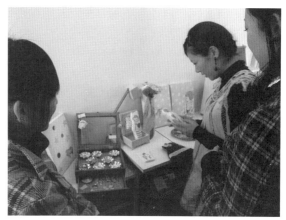

住民による展覧会。居室もギャラリーとなった。

だからだ。問題があれば、その部分だけ切り落として取り替えればよい。「nana」では、真壁の軸組工法から、大壁による耐力壁に変更した。壁量計算を行い、X軸方向、Y軸方向にバランスよく耐力壁を配置していく。こういった耐震補強は、RC造や鉄骨造ではできないことだ。

　軒の屋根には波板のトタンが使われやすいが、ここではテント生地を張った。それだけで、なんとなくカフェっぽくなる。ポストも気の利いたものをつけると雰囲気が出てくる。また、木造の良さを残すために、柱の貫(ぬき)のあとを残したり、床には杉の縁甲板を張り直した。少し色が違ったりするが、安くても本物のちゃんとした木を使う。加えて、以前は風呂なしアパートだったが、シャワールームを設置した。

物語を共有する住民たち

　今は7世帯ほとんど、20代後半から30代前半の女性が住んでいる。この世界観を素敵だと思う女子たちが7人集まっているので、住人同士みんな仲良くなっている。一つの世界観をデザインして提示すると、共感する人が集まるので、当然、話も弾む。竣工後、住人の彼女たちから連絡があって、7世帯中3人が、ここで展覧会をやりたいと言うのだ。彼女たちは普通のOLなのだが、趣味でイラストを描いていたり、アクセサリーのような小物をつくっていたので、展覧会をやりたいという話になったという。他の住民さんに迷惑ではないかと尋ねると、3人は他の4人をすでに説得していて、「私の部屋も使っていいよ」という話になっていた。彼女たちは、この物件の向かいにあるカフェのマスターとも仲良くなっていて、カフェも会場になっていた。ここでは、素敵な部屋ができるだけではなく、価値観や世界観を共有する人たちが集まることで、それが街の雰囲気とリンクして外へと広がっていくことが起きたのだ。

　元の賃料は風呂なしで4万5千円だったのが、7万5千円と新築マンションレベルに上げることができた。住んでいる人たちは、木密地域に入り込み楽しく暮らしたいというバイタリティを持っている。新築マンションでセキュリティがないと嫌だという人ではなくて、2階の声や足音が聞こえても全然気にしない、感性を同じくしている人が住んでいるので、むしろその方が安心できると思っている。建物に物語を与えると、ある特定のコミュニティができる。そして、それが醸成されていく。

下北沢の再生木賃アパート「pinos」

pinos
住所:東京都世田谷区/構造・規模:木造2階建/専有面積:全9室 7㎡~12.7㎡/竣工年:1960年 (※リノベーション完了:2009年12月)

改修前の外観

アンダルシアの「松ぼっくり」

　もう一つ、下北沢にある木賃アパートの改修事例を紹介しよう。

　この建物は、1階に共用玄関があって、靴を脱いで上がっていくと、4畳半から6畳の部屋が全部で9部屋ある木賃アパートだった。いわゆる昔の下宿型の建物だ。風呂はなく、トイレも洗面も共有。土地が一段高くなっていて、2階建てだが、下に洗濯室があった。こういう下宿型の建物でも下北沢であれば住む人がいるのだが、築40年以上が経ち、老朽化が進み、どうにか対策をすることが求められた。

　しかし、敷地が道路から奥まったところにある旗竿地なので、現在の建築基準法では建て替えられない。そのためにリノベーションをして、シェアハウスにしましょうと提案をすることになった。共用玄関を入ってすぐのところにキッチンとダイニングをつくって、新しく共用のシャワールームと風呂を入れた。個室は板張りにして、各室に洗面所を入れている。

　ここでも物語を考えている。路地を入って階段を登って

家に入るときの感じが、スペインのアンダルシアの路地の風景に重なったので、それをもとにブランディングをしていった。物件名は「pinos」。スペイン語でピノ・ノワールのピノ。「松ぼっくり」という意味があって、丸く集まったように実る様子を表わす言葉だ。スペインにちなんで、タイルやテラコッタを素材として使うことにした。2階の部屋は丸太の梁を出してスペイン風にし、建物の看板もパエリア鍋をモチーフにしている。デザインは一番コストがかかるのものだが、建物の世界観を決めることができれば、かけるべきところにお金をかけ、無駄なところにはかけなくなるので、結果的に全体の投資額を下げることができる。

　また、共同キッチンには、事前にパエリア鍋を入れておいた。みんなでパエリアをつくって、それを分けながら食べることで、コミュニティ感を創り上げていく。物語は、建物だけではなく細部にいたるまで徹底することが大事だ。

住民交流会の様子

mokuchin column

参加する、育てる、続ける

木賃アパート再生ワークショップ

「住育」の重要性を伝えたい

　社会と建物の関係を育てるためには「住育」といったものが大事だと思う。供給する側として、そうした状況を何とかしていきたいと、若い世代、特に学生を対象として「住育」をテーマに地道にワークショップをやっている。

　学生時代は、親元を離れて、初めて一人暮らしをはじめる時期でもある。それは卵からかえったひよこみたいなものだ。最初に見た親、実家は「巣」なので自分で選んだわけではないが、巣を飛び出してはじめて「家」を意識する。家賃はいくらか、どう住みこなすのかを自分で考える。しかし今、私たちの身の回りにある多くは、全部が整ったワンルームマンションなので、何も考える必要がない。これは、子どもにコンピューターゲームを与えているようなものだ。そうではなくて、想像力を掻き立てる玩具のように、住みこなし方を工夫してい

ける家こそが、若い世代に与えるべきものだと思う。

　住育という観点において、はじめて自立して暮らすという大事な時期を、過保護な住まいで暮らすのではなく、素朴な木造アパートで工夫しながら暮らすという経験は、とても貴重なものだ。そこで暮らし、社会人となり、やがて自分の家を欲しいと思った時に、その人はけっして便利さだけで家を選ばないと思うのだ。

　たまたま僕は学生の時にそういう経験をすることができた。家賃のルールを自らつくり、大家さんに提案して、ボロボロの家を探して住みこなすということをずっとやっていた。できればそういう経験を学生に味わってもらいたいと思って、2009年よりはじめたのが「木賃アパート再生ワークショップ」だった。

「木賃アパート」の問題点

　ここで言う「木賃アパート」とは、木造在来構法の賃貸アパートのことだ。それらが建てられたのは、1970年代。まだプレカットという技術ができる以前に建てられたものだ。40年以上の築年数が経っているにも関わらず、木賃アパートは今なお数多く現存している。にもかかわらず、ほぼ活用されていない。2008年住宅土地統計調査によれば、首都圏にはまだ15万戸が存在しているそうだ。

　木賃アパートは、東京だと明治通り、山手通り、環状七号線あたりに多く建っていて、僕たちはこれを「木賃ベルト」と呼んでいる。このほかには、三軒茶屋、下北沢、中野、高円寺、練馬、王子十条、亀有といった地域にも多い。この辺りは、高度

経済成長期に都市の中心部と郊外の間に位置していた場所で、比較的まだ土地が空いていたところにアパートが建てられたのである。

当時の建物は、どんなにローコストなものであっても日本の伝統構法が生きている。工場でパーツを切ってきて組み立てたような家とは異なり、大工の技が生きているのだ。今の時代に、同じつくり方で建てようとすると、かえって高くつく。だからこその価値もある。

また、木賃ベルト地帯は、都市防災の観点からは「木造密集地域」とも呼ばれている。「お年寄りが多い」「空き家が目立ち、廃墟のような状態になっている」「放火される危険性があるが、街が入り組んでいて消防車が入れないため、火が出たら止められない」といった理由から、都市の中では、たいへんな厄介者とされている。

前時代的な発想、都市防災の観点から言えば、この地域の道路を拡張しようとか、耐火建築物にしなさいといったことになるはずだ。しかしながら、それによって失われるものも当然あるだろう。

道が広くなれば街は分断される。鉄筋コンクリートの耐火建築物ができれば、プライバシーは確保されるかもしれないが、コミュニティは崩壊する。また、こうしたものをつくるためにはお金がかかるので、賃料は当然高くなる。その結果、住む人の質も変わり、街はどんどん変わっていく。よいほうに変わればいいのだが、そのような結果が生まれることは少ない。

住むことで「参加」できるワークショップ

　木賃アパートの再生をいくつかやっていくと、比較的若い20代が楽しそうに住んでいる姿が、いつも印象的だ。DIYをしたいという話もよく出てくる。その予備軍である今の学生たちが置かれた状況を改めて見てみる。人口は減っていて、それなりの大学に行ってる子たちの多くは、それなりに裕福な家庭の子で、それなりのマンションに住んでいる。僕らが学生の頃のように、あたりまえにいたような木賃アパートに住んでいる苦学生のような人は、ほとんどいない。

　若い学生たちも、古いものに対して興味があることがわかってきた。しかし、こういった木賃アパートを知ってるかと聞いても、自分たちの周りに住んでいる友達がいないから触れたことなどない。漫画や映画で、見たことがあるという程度だ。

　「木賃アパート再生ワークショップ」では、興味がある建築学生を集め、孤立化した高齢者が増え、オーナーはあきらめているといった基本的なことを勉強した上で、僕が「木賃ベルト」と定義している木造アパートの密集地帯を歩き回りながら、興味のある街をピックアップして、そこで自分たちが住むということを目標に掲げて、対象案件を自分たちで探してくることを課題とした。最初の2009年のワークショップでは、下北沢と谷中の辺りを探して、最終的には下北沢のアパートを見出してきて、オーナーに直談判をした。

　参加者の学生たちは、なぜこうしたトピックに興味を持っているのだろうか。それを彼らに聞いてみると、彼らはワンルームマンションがもたらす閉塞感、何もできなくて閉じ込

められている状況に飽き飽きしているというのだ。一方、木賃アパートを見ると、ペンキを塗ってもいいんじゃないか、何か提案できるんじゃないか、と思うそうだ。

その後も、このワークショップは建築学科の学生に限らず、いろいろな学科の学生が参加してくれている。ワークショップでは、街の問題を考えるのと同時に、この建物をどのように使いこなすのかを考える。いつも学生たちは、こうしたアパートの家賃が3万〜5万円程度という点にも驚く。彼らが住んでいるワンルームマンションは、家賃7万〜8万円なので、まさかそんな値段で住めるなどと思ってもみないのである。

木賃アパートであれば、学生であったとしても、十分、契約してコミットすることができる。彼らは、街やオーナーが抱えている問題を、単に教材として考えているだけでなく、最終的に改善法を提案して実行することができるのだ。こんなに素晴らしいことはないと思う。

活動3年目にNPO法人化

もちろん、学生たちに大工仕事のような、たいそうなことができるわけではない。たまに器用な人間がいて、棚をつくったりするといった程度だ。しかし、それでもいいので、自分たちがどのように暮らすかということを提案する。比較的安価なコストで改修できるものなので、木賃アパートのオーナー側も納得してくれる。

木賃アパートのオーナーは、自分の物件は古臭くて若い子たちは興味がないと思い込んでいる。そこに突然学生が

やってきて「200万円でリノベーションします」と言ったところで、誰もお金は出してくれない。しかしワークショップでは、学生たちが「10万円出してくれるんだったら、こういう風によくなる」といった具合に、小さなレシピを一生懸命つくる。どういう問題を抱えていて、自分たちならどう住みこなすのかということを具体的に示しながらオーナーに話していく。すると、オーナーは「昔はこうだった」と、木賃アパートを通した時代の変遷を教えてくれて、学生たちは驚く。オーナー側は、「まさか若い子たちがこんなアパートに興味があるなんて」と驚く。このワークショップには、相互の発見がある。

　ワークショップでは、学生が自分たちで手を加えていきながら、最後には、そこに自分や自分の友達が入居する。するとそこに自然と仲間が集まってきて、楽しそうな先輩の姿を見た後輩たちに、ワークショップに参加したい気持ちが芽生える。そういう連鎖も生まれはじめた。この取り組みを3年間続けて、2012年には、初期の学生メンバーを中心に「NPOモクチン企画」としてNPO法人化した。これを学生たちのシンクタンクとして、今後も世に問うていきたいと考えている。

モクチンレシピ

　これまでの「木賃アパート再生ワークショップ」を通じて、50個くらいの改修アイデアを提案してきた。たとえば、窓際にボックスを置いて収納にしたり、ここでひなたぼっこができる「まどボックス」や、安っぽさ・汚さの代名詞である波

板ポリカに一工夫して、鉄骨階段のイメチェンを図る「2色ポリカ」などがある。これらの木賃アパートを再生するためのアイデアをレシピという形でアーカイヴ化し「モクチンレシピ」と名付けて、公開している。

　それぞれのレシピでは、イメージ写真やコスト、どんな物件にオススメなのかが書かれていて、施工物件の例も載せている。若者たちが「壁を塗れて、棚を付けられて、箱を置いたら住んでもいい」ということを言葉で伝えようとしても、オーナーから見るとそれがいくらかかり、どのようなリスクがあるのかわからないことを不安に感じる。しかし、「このレシピの1番と25番と36番をやらせてもらえたら住みたいです」と提案できれば、何ができるのか、いくらかかるかということが明らかになるので、オーナーも任せやすい。「モクチンレシピ」は、オーナーと若い世代の接点となるコミュニケーションツールなのだ。

　みんなでアイデアを出してレシピにしていくことは、クラウドソーシングの原理でもある。何を使うかは自由。新たなアイデアがあれば追加していく、というプラットフォームになっている。だけど、アイデアは黙っていても出ないので、ある時から「モクチンレシピ」をつくるチームと、ワークショップを企画するチームに分けて行うことにした。そこからは、実際の施工はプロが行い、かかる費用はすべてオーナーが負担する仕組みとした。

　モクチンレシピには、一般公開しているページと、木賃パートナーズと呼ばれる会員制のページがある(http://mokuchin-recipe.jp/index.html)。一般公開ページではレシピの基本的な情報を掲載しており、改修の方向性やヒ

ントを得るのに自由に使ってもらっている。会員専用ページでは、さらに詳細な情報(寸法、関連商品、事例、注意点など)が記載されていて、レシピを実現する際に利用いただいているほか、様々なサービスを提供している。

　学生と一緒に始めた「木賃アパート再生ワークショップ」は、地域の不動産管理会社やオーナー、施工会社、若者らのプラットフォーム＋コミュニティとして動き出している。このようにして、小さな更新を重ねることができるシステムを構築することで、住み手の豊かな生活と、魅力的な都市空間の実現を目指している。

蓄積された暮らしの
価値を次世代につなぐ

わの家 千峰

renovation case

8

家全体に漂っていた、母親の空気感

　東京都中野区野方に建つ空き家の住宅を、どうにか活用できないか。そうブルースタジオに一報を入れたのは、かつてここで暮らしていた60代半ばのオーナーだった。オーナーが生まれ育ったというその家は、1929年に建てられたもの。築後85年が経ち、3年ほど空き家になっていた。

　物件を見学してみると、意外と容積率に余裕がある。さらに、野方駅から徒歩5分という好立地だ。通常は解体して賃貸住宅になるような建物だったが、オーナーは、数十年間の家族の思い出がたくさんつまっている家を、自分が生きているうちは残したいという想いがあった。

　野方は、環状七号線と西武新宿線とが交差する辺りのエリアで、今でも昔ながらの商店街が残っている雰囲気のいい住宅地だ。江戸時代は、一帯は殿様のお狩場だった。明治・大正時代になると、善福寺川、妙正寺川を南にした丘陵地帯の高台に、別荘ができはじめ、近隣の中井や目白などは"文士村"と呼ばれ、与謝野晶子をはじめとした文豪が住んでいたという。野方には、陸軍の高官、山本直純の祖父が建てた、山本邸というお屋敷なども建っていたそうだ。

内と外が連続する昭和の日本家屋

暮らされなくなった空き家を拝見してみると、そこにはたくさんの人形や器、絵などがあった。すべては母親が作ったもので、よく見るとすべてに雅号である「千峰」という文字が入っている。そのことからも、どれも趣味の粋を越えていることがすぐにわかった。オーナーに話をうかがうと、昭和初期に生まれた母親は、お茶やお花、芸事にも秀でた方で、規律正しく、家族の中でも象徴的な方だったそうだ。オーナーのご両親がこの家を購入されたのは、1939年ごろ。以降約70年間、親子三代にわたって使われてきた住宅であったが、この家全体に漂う独特の世界観や雰囲気のほとんどは、母親によってつくられていたのだった。だからこそオーナーは、今は亡き母親が大切にしてきた家の空気感そのものを、残したいと強く思っていたのだった。

友達以上家族未満のシェアハウス

　とはいえ私たちは、ただ単にそれを保存するだけではなく、活用しなくてはいけない。そして、活用するときにどのように賃貸の建物として収益を上げるかということを、考えなければいけない。
　この家は約70年の間に増築を繰り返していた。北側に前面道路、残りの3面は隣地と接する敷地で、南東には中庭がある。そこから北側は、1929年から建っていた部分で、西側を昭和20年代に、南側を昭和30年代中頃から増築していた。1929年に建った部分は和室の続きの間だったが、その後、増築された部分は全て洋間で、細かい部屋が4つあった。
　一つ条件として、オーナーの30代の娘さんが、ここに住み

わの家 千峰
住所:東京都中野区／構造・規模:木造平屋建／専有面積:9.47㎡~11.59㎡／竣工年:1929年（✼リノベーション完了:2014年3月）／住戸数:6室

改修前の中庭

たいという話があった。この既存のプランであれば、たとえばシェアハウスはどうだろうか。現状のプランにシェアハウスの暮らしを重ね合わせながら、何部屋を取れるか線を引いてみると、6部屋が取れることがわかった。オーナーの娘さんが住みつつ、残りの5部屋をシェアハウスにすることができる。

　シェアハウスにも、いろんな形がある。大きなものであれば何十世帯もあるゲストハウスみたいなものもあるが、一軒の戸建住宅をシェアハウスとし、その一室にオーナーの娘さんが住んでいたら、そこに暮らしはじめる人たちは、まるでオーナーの家に間借りしているような感覚になるに違いない。間借りだけを眺めていると、6人それぞれが自分たちのプライバシーを主張するような暮らしは難しそうだ。古い家だから、音の問題などにも気を使いながら対話することが求められる。しかし、考えて見れば、それはそれで悪いことではないのかもしれな。お互いの関係性を肯定的に考えられる人、コミュニケーションをしっかりとれる人が住みこなすシェアハウス。それはまさに家族に近い感覚を伴うものだ。

上左:台所／右上:風呂場
下:みんなが集う茶の間には千峰さんの作品の数々

僕らが今までつくってきたシェアハウスに暮らす人たちを振り返ってみると、10世帯未満のシェアハウスの場合、そこに暮らす人たちは皆、友達以上家族未満の感覚になっている人がほとんどだった。今回のように一軒の木造住宅を複数の人で住みこなすという場合も、きっと同じことだろう。そこでは、赤の他人同士でも、家族として住みこなすことが必要になる。これは現代の新しい家族の姿とも言えるだろう。

　昔ながらの古い戦前の家の造りだから、やりようによってはジャパニーズ・モダンのようなカフェっぽい雰囲気にもできる。しかし、そういうことはしない。オーナーの母親が大事にしてきた家族の空気感、世界観を、これからこの家で生まれていく新しい形の家族感に移植し、うまく受け継いでいくことをメインのコンセプトにすることとした。コンセプトとなる物語はこうだ。

　昭和のにぎわいを今に伝える野方商店街のはずれ、
　静かな住宅街の入口にその家はあります。
　昭和の時代をずうっと見つめ続けてきた家。
　おばあちゃんの家、千峰おばあちゃんの家。
　千峰おばあちゃんが大事に手入れをしてきたこの家は、
　四季の巡りを大切にする家です。
　人のめぐりあいを大切にする家です。
　中庭を囲んで環になって、茶卓を囲んで輪になって、
　感じるのは千峰さんのつむぎあげた、輪が織りなすめぐりあい。
　「わの家　千峰」、そんなシェアハウスです。

新しい用途にあわせて再生する

　リノベーション後の建物には、シンプルな空間のなかに、母親が作った人形や襖絵、暖簾や屏風といった調度品、そして家具を整理してしつらえた。一見、それほど手が加わっていないように見えるが、いくつか大きく手を加えることとなった。台所は大きく形を変えた。昭和初期の台所は土間だったので、その風合いを再現しつつ、シェア暮らしにあわせて、コンロを2箇所に設けた。お風呂は昔のままのヒノキ風呂を残しつつ、シャワーを新しく設けた。6人が暮らすことを考慮し、これらに加えてトイレ、洗面等の水回りを増やした。

　建物の構造としては、耐震補強を施した。昔の木造在来工法は柱梁だけなのだが、壁量計算をし直し、柱と柱の間に筋交いを入れるか大壁にすることで、耐力壁をバランスよく配置していった。こういうときにも、できるかぎりつくるべき世界観を失わないように細心の注意を払った。できあがったときに、綺麗な家ができましたということではなく、母親が営んでいた家の空気感を感じとれる空間をつくることが最大の目的なのだから。

リーシングへつなげる新しいオープニングの形

　通常、オープニングでは内覧会を開くことが多いが、ここでも一工夫した。「千峰」という家の雰囲気を体感してもらうために、あえて"お茶会"を開くことにした。女性スタッフが和服を着てもてなし、お茶を点てて召し上がってもらった。

結果、ここに参加した人も含めて、この家の価値観を理解してくれた人が名乗りを上げてくれて、5人の居住者が集まった。長い海外住まいから帰って来たデザイナーから、台湾人アーティストまで、それぞれのバックグラウンドはさまざまだった。年齢層も20代から40代までと幅広かった。この家を住みこなしてみたいという想いを抱き、この家に住むということ、人間関係性を育むことに可能性を感じている人たちが集まってくれたのだ。

　僕らがこれまで手がけてきた物件に、シェアハウスはそれほど多くはないが、すべてに"シェア"の発想が根底にはある。それは何も、風呂やキッチン、リビングなどを共有するということだけではない。この事例のように、同じ世界観、同じ物語を共有することもまたシェアなのだ。だからこそ、僕たちが扱うのものは、すべて"シェアハウス"なのだ。

新しい日常が生まれた縁側

上：お茶会
下：育った家の思い出を語るオーナーの石川さん

人と街を食で
つなげるシェアダイニング

スタイリオウィズ上池台

renovation case

9

"シェアダイニング"という発想

「食」は人をめぐりあわせ、人を育て、暮らしを豊かにする。「スタイリオウィズ上池台」は、「食」を通じたシェアハウスコミュニティを積極的に街に開いていく場所だ。商店街の中に位置する従前の建物は築40年RC造の5階建て社員寮。1階が店舗、2階から5階までが社員寮として使用されていた。社員寮の廃止にともないこれをリノベーションし71戸の大規模なシェアハウスとした。

街の魅力が物件の価値

東京都大田区の上池上商店街は、最寄り駅が都営浅草線の西馬込駅もしくは東急池上線の洗足池駅となるが、どちらからも徒歩15分前後。その単身者向け賃貸住宅としては不利な立地に、71人のシェアハウスを成り立たせることが大きな課題であった。このような立地の場合、重要になるのは駅からの利便性に勝る街の魅力をいかに物件に込められるか、ということである。

周辺には、さまざまな特徴がある。駅前商店街ではないも

スタイリオウィズ上池台
住所:東京都大田区／構造・規模:鉄筋コンクリート造 地上5階建／専有面積:全71室 8.28㎡~16.56㎡／竣工年:1975年(※リノベーション完了:2014年3月)

改修前の社員寮

のの、むしろ独自性が保たれていて活気がある上池上商店街。洗足池と馬込の高台から坂を下った呑川沿いの谷状にあるのも面白い。商店街のはずれには日蓮宗の古刹長慶寺があり、古くは池上本門寺から杉並堀之内の妙法寺に連なる参詣の道だったこともわかった。電車の時代よりはるか昔から、ここには人の往来があり門前の商店郡が栄えた場所だったのだ。

　一方で商店街を取り囲む周辺の台地は昭和期以降の高級住宅街だ。今なお人気の住宅街で若い家族も多く暮らし、多世代が生活の利便地域として上池上商店街を訪れていた。連なるお店は小さな個人商店だけでなく大規模店舗やファミリーレストラン、銀行、郵便局もあり多様な生活利便施設がバランス良く混ざっている。地域性と利便性を兼ね備えた街の魅力がそこにも見えた。そんな街、そんな商店街のど真ん中に暮らす楽しさを物件に込める。それがこの物件の価値創造への前提となった。

上:ダイニングルーム
下:共用キッチン

上：広い共用スペース
下：コンパクトなプライベートルーム

住人と街を「食」でつなぐ

　もう一つの着眼点は「食」である。ファミリー世帯の多い周辺地域から、商店街を訪れる人々には、料理を学んだり、集って料理をするような「場」のニーズが予想された。また、高台の傾斜地には古くからの地主が土地を区民菜園として貸している場所もある。このシェアハウスに「食」をテーマとしたアクティビティをつくり、広く住人以外の周辺住民にも解放することで、シェアハウス住人と街の人々との交流を促すことはできないだろうか。そうできれば、住人にも地域住民としての当事者意識が構築され、ひいては彼らのこの場における暮らしの愛着に連なるというシナリオを描いた。

　リノベーション後の物件コンセプトは「COMMUNI－TABLE（コミュニテーブル）」。地域コミュニティとシェアハウス住人をダイニングキッチン（テーブル）でつなぐというもの。シェアハウスの共用キッチンやダイニングのサイズを、建物住人から算出されるものよりも大きくとり、シェアハウス住人だけではなく地域の人にも活用してもらえるようにしたのだ。

　このキッチン・ダイニングではこれまでに、建物住人だけでなく街の人に対しても開かれた料理教室やマルシェを開催している。普段は主に建物住人同士やその友人たちとのコミュニケーションの場として利用されているが、ダイニングはシェアハウスのエントランスホールと空間を共有しているため、運営者は今後も、周辺地域住民と入居者の接点をつくりうるようなイベントを次々と企画していく予定だ。

　一般的に、シェアハウスは住人である若者だけが完結した

世界観を持ち、彼らは仲良くやっているけれど、周りから見ると異質感があり地域住民との距離が生じるものも少なくない。ここではアクティビティをあえて地域に開く。そうすることで、その問題を解決するとともに、建物ではなく「街に暮らす」感覚がここだけのオンリーワンの価値だということを、シェアハウスの住人に認知してもらうことを期待している。

開かれた共有空間とカスタマイズ可能なシンプルな個室

　シェアハウスエントランスは2階。直接大きなダイニングスペースにつながり、その奥に大きなキッチンが広がる。エントランス横には個人用のデスクや会議テーブルが並ぶワークスペースがあり、ここではレクチャーやセミナーなども行うことができる。これらすべてが住人以外にも開かれた共用空間となっている。その延面積は、約245㎡の大空間だ。キッチンにはプロの使用にも耐えるハイカロリーコンロが備えられ、大きな作業テーブルやオーブンも完備している。ここはもともと社員寮の厨房と食堂だった場所で、基本的な配置は変えず工事コストを抑えている。

　2階のダイニングスペースは、外部からも人を招き入れることが可能だが、そこから先は住人専用となっている。2階には、シャワーやロッカールームがあり、階段を上がると居室が並ぶ3階、4階へと続く。

　重厚な装備のキッチン、ダイニングに対して居室は至ってシンプルとなっていて、入居者によってカスタマイズ可能な白い箱としている。

上：料理も大事なコミュニケーション
下：地域のお母さんや子供達も訪れる

上：思い思いの活動
下：アイデアが生まれる場

オープニングはマルシェでお披露目

　2014年春、竣工に先立ち、街の人にその存在を知ってもらおうと「お披露目マルシェ」を開催した。お披露目マルシェでは、新鮮野菜や逸品食材を販売したり、商店街の人気店の料理を出してもらったり。

　また食材のレクチャーや料理教室など、今後起こりうるアクティビティをすべてまとめてその日に体験してもらうことにした。

　当日は300人を超える来場者があり、大勢の地域の人、街の子どもたちが訪れ、実際に商店街の中に位置する物件としてのポテンシャルを実感するよい機会となった。

　オープン後は、入居数はほぼ埋まる状態が続いている。ワークショップや食に関するレクチャー、料理教室なども頻繁に行われていて、時間をかけながら入居者コミュニティと地域との関係が醸成され続けている。

　入居者主催のイベントも周辺住民に告知され、やればやるほど地域に噂が広がり、周囲との溝はなくなっていく。このシェアハウスでの暮らしは、閉塞的な一人暮らしとは全く異なる街に住むような感覚に包まれるだろう。

　地域から刺激を受け続ける暮らし。これに共感する入居者で建物が満たされていく過程は、コミュニティが醸成されていくプロセスそのものであり、それが形作られたとき、そのコミュニティの価値は消費されることのないゆるぎないものとなる。

　賃貸住宅のコミュニティをできる限り地域に開いたコミュニティにする。これはこの物件に限らずこれからの賃

貸集合住宅にあるべき、消費されないための「選ばれる強さ」「成長する強さ」の基本となるであろう。

成長する住まい

青豆ハウス

renovation case

10

空と大地の間に人の営みが生えていく

　東池袋にある築26年の「ロイヤルアネックス」をはじめ、コミュニティの価値を創造しながら賃貸マンションの大家業をしている青木純さんに声をかけてもらったのは、2010年のころだった。青木さんが所有していた練馬区に建つ築30年越え、2階建てのアパートをどうするか。リノベーションするか新築するかはさておき、まずは現地に立ってみた。

　アパートの2階に上がったとき、目に飛び込んできたのは、敷地に隣接する広大な区民農園と大きな空だった。そう、練馬一帯は、そういう場所なのだ。良い意味でだだっ広い。畑もあって、空もある。空と大地の間に人が住んでいるというこの風景が、この場所だからこその魅力だと改めて痛感した瞬間だった。この景色は、東側に広がっていた。夕立が止み、同時に西日が射せば、東側には虹が出るにちがいない。そんな光景を心に重ねてみたりもした。とにかく青木さんと一緒に現地に立ち、この光景に惚れ込んだ。

　この状況のなかで、賃貸住宅を考えるのであれば、空と大地の間に暮らす人たちの営みが、にょきにょき生えていくようなイメージはどうだろう。野菜が一つひとつ育っていく

青豆ハウスの共用部　© 髙岡弘

のと同じように、一つひとつの暮らしが育まれる住宅をつくっていこう。賃貸住宅とは、学校みたいなものだといつも考えている。賃貸住宅は終の棲家にはならず、いつかは卒業していくことがほとんどだ。だからこそ、卒業したときに、そこで育ったことを誇りに思える家をつくっていきたい。青木さんと意気投合しながら最初に掲げたテーマは「育つ賃貸住宅」であった。

全8戸をつなげる2階のテラス

　新築かリノベーションか。既存の物件のポテンシャル、収益性など、さまざまな点を考慮し、今回は、新築することになった。その上で「育つ」ということを空間に置き換えていった。たとえば植物というものは、フラクタルに、回転しながら成長していく。葉っぱも螺旋を描きながらねじれていく。そういうことをモチーフとした。空間が回転していきながら、一つの住戸をつくる。正方形のプランの中に2世帯が絡まり合い、3階建てになっている。その正方形が4つあるから、全部で8戸だ。

　練馬区をはじめとする都心から一つ外側の区では、単身者用の住居は飽和状態にあった。それよりも必要とされているのは子育て世代のための家。そこで、"二人暮らしからはじめる子育て"というものを明確にターゲットとして計画を進めていった。子育てをはじめた人は、そこから引っ越すことはほとんどない。そのためにも、まずは二人で住みたいと思える場所にすることが求められた。その二人にここであれば住んでみたい、ここであれば子供を育てられると思わせ

なくてはならない。共働きのふたりがほどよく暮らせる賃料、広さは自然と導きだされた。面積は約50㎡、賃料は16〜17万円、部屋数は少なくても良いと判断し、2LDKを基本とした。

　それぞれの階の機能は、公共性のバランスを考え、上下に分散させている。まず、最も公共性の強い場所を、あの象徴的な隣地の畑の風景を眺められる2階につくり、そこを標準とすることにした。2階には、みんなで共有するテラスがあり、オープンな玄関とリビング、ダイニング、キッチンが続く。そうつくることができれば、気持ちの良い眺めのもと、家同士のコミュニケーションや行き来も活性化されるはずだ。

　逆に最もプライベート性の強いベッドルームとお風呂は、玄関階から一つ下がった1階に設けた。3階は、標準階の2階から、見上げたり見下ろしたり、コミュニケーションが生じる場となる。だからこそ、それぞれの住まい手が自由に使えるようにした。書斎に使ってもいいし、もう一つのベッドルームにするのも良い。そして、各住戸を隣接する畑に対してハの字に開き、集合住宅の入り口をまるでゲートのように設えた。入り口を入り階段を上がると、目の前に畑の風景が広がる。そこから各住戸の玄関へとつながるというわけだ。

青豆ハウス
住所：東京都練馬区／構造・規模：木造3階建／専有面積：57.60㎡〜63.36㎡／竣工年：2014年3月／住戸数：8戸

上：上棟式の餅まき
下：入居者が自ら選んだ色でDIY

上：入居者みんなでピザ釜作り
下：周辺地域の皆様をご招待して餅まき

あらゆる「育む」デザイン

　「育む」と一言に言っても、個人ではそれは成し得ない。子供とどう育むか、夫婦でどう育むか、隣人と、まちと……それぞれの関係性を育むということは、コミュニケーションをどうデザインしていくかという発想が大きなポイントになる。そこをこのプロジェクトではとことんやっていくことにした。

　たとえば、住戸間の関係を「育む」ことについて。2階に玄関を設けたとしても、一般的にはそこにポーチ玄関がつくられることが多い。家に帰ってきて、玄関のドアを閉め鍵をかけると、そこからは外との関係が断絶される安心できる状況ができる。しかし、今回の家では、そのようなものをあえてつくらず、むしろ玄関という結界を壊すようにしている。この家の2階は、最もパブリック性の高い場所だ。だからこそ、リビングが玄関側にバルコニーを持っているという考えを持ってもらうように設計している。玄関土間を延長し、玄関から先はみんなで活用できる場所にする。まさに境界をぼかす。

　材料一つとっても、「育む」というキーワードのもと、桧の無垢の間伐材を使ったり、外壁にも風化しやすい大谷石を使った。プロモーションに使用するイラストも、竣工図や完成予想図を描くのではなく、こういう風景が広がって欲しいという生活予想図、「育む」風景を描いてもらうことにした。

　コピーやVI（ヴィジュアルアイデンティティ）も「育む」ということに合わせて創り上げていった。プロジェクトの名前を考えるときに、オーナーの青木さんの「青」という字の

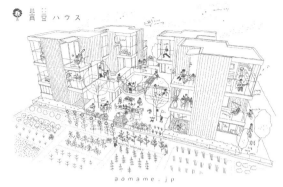

完成イメージスケッチ（イラスト：ShunShun）

　起源を調べていくと、そこには大地から育っていくという意味があった。青という字の象形文字は、まさに土地から生えていくものだったのだ。その大地から育つ「青」に、ジャックと豆の木のような成長のシンボルとしての"まめ"、生活において"まめ"であることの大切さ、などを重ね、「青豆ハウス」と名付けた。ロゴの緑の部分は8世帯を意味している。みんな違う形であることが大切。そういった想いで、このロゴが決まった。

共感者を集めるリーシング

　通常、新しい賃貸住宅は建ち上がっていく過程で、地域の人たちにいぶかしく見られることが多い。見慣れた風景が壊され、新しい賃貸住宅が建つ。街のルールを守らない若者たちが来るかもしれない。そう思われがちだからこそ、それを払拭しなくてはいけない。

上:大地から「育つ」青豆の木　© 新建築社
下:8世帯がテラスを囲む

上：街との接点である建物正面
下：光に満たされる室内 © 高岡弘

他のプロジェクトでも行うことだが、「青豆ハウス」でも、上棟式などをイベント化した。地域の人たちにビラをまき、大工さんたちも含めて、みんなに参加してもらう。餅や駄菓子を蒔いて、地元の子どもたちが集まる。子どもたちが家にかえると、父親、母親から「どうしたの？」と聞かれる。このことが大切だ。

　竣工が近づいてくると、リーシングが必要になってくる。リーシングとは知ってもらう努力をすることと、共感者を集めるということだ。そのために、上棟式の後の内装が進んできた段階の11月に「豆むすび」というイベントを開催した。青木さんの奥さんの実家の秋田から届く新米をみんなで炊いて、みんなでおにぎりをにぎって食べる。みんなで食べると幸せになり、一体感が出る。

　そのようなイベントごとをきっかけにリーシングを開始すると、徐々に入居者が集まりはじめ、竣工直前の1月には全8戸の入居者が決定していた。ここでも新しい試みとして、入居者の皆さんには、残っている仕上げ工事に参加してもらうこととした。愛着をもたれやすいキッチンの天板などの仕様と壁面の仕上げを選んでもらうというものだ。

　しかし、これはただ選ぶというものではない。選ぶだけではなく、すべてのプロセスを全8戸の住人たちが一緒になってデザインした。たとえば、壁の塗料の色を調整するために、みんなで一緒に工場へ行ったり、最後に壁に色を塗るときも、個別に行うのではなく、全住戸が都合を合わせて、同じ日に作業を行った。互いの家を行き来し、コミュニケーションをとりながら、全住戸が完成に近づいていくプロセスを全

員で共有する。まさに、みんなで一緒につくりあげることを意識したものだ。作業後は、住人同士で飲みに行くコミュニティが生まれていたのは、当然のことだったかもしれない。3月に入ってからが引越であったが、その前にここまでのことができるのだ。

　竣工してから4年以上が経った。最初はオーナーの青木さん夫婦を含めて、結婚していたのは4組だけ。半分は結婚前のカップルばかりだった。しかしその後、住人たちは次々と結婚し、さらにこれまで7人もの新しい命が「青豆ハウス」から誕生している。「青豆ハウス」は、"一つ屋根の下"の形はしていないが、ここに誕生したのは、まさに"一つ屋根の下"的な状況だ。この家に帰ってくると、2回挨拶することになる。「青豆ハウス」のゲートをくぐり、2階の共有テラスに上がってきたときに、住人のみんなに1回、そして自分の家の玄関を開けて自分の家族に1回。まさに、全8戸が一つの家族のような姿になっている。

一つ屋根の下の大家族

第 4 章

建築家と
リノベーション

建築家の職能の拡張

　中古住宅、既存住宅の活用を考えなければならない時代において、設計者や建築家は、自らの職能をどう考えていったらいいのだろう？

　2000年に僕らが仕事を始めたきっかけの一つとして、不動産の証券化という業界の大きなパラダイムシフトのようなものがあり、僕らは自分たちの設計デザインの仕事を「アセットマネジメント」と公言するようになった。自らその意識を持つことによって僕らの仕事は、同じ不動産の利活用を考える業界の中でも、不動産金融の業界からその価値を認知してもらえた。

　例えばこんなことが言えるのではないだろうか。リノベーションによって不動産収益事業を成功に導くことができる建築家とは、建築のディテール以前に事業主の目的を理解し、周囲の状況を俯瞰し、経済性の高いデザインを「発明」することのできるアセットマネージャーであると。

　社会環境の変化を俯瞰し、マーケットの変化を察知する目がないと、建築家がデザインコンシャスなリノベーションを手がけたところで、それは単なる修繕の延長にある「リフォーム」の域を脱しない。もちろんプロのエンジニアとして既存建物の診断を行い、そのハードウェアに対する技術的な処方箋を施す建築士の職能は非常に重要だ。ただし、これはビルメンテナンスの範疇にあり、マネジメントの発想とは縁遠い。また、そういった仕事になるほど嫌がる建築家も多い。規模が小さければ儲けは少ないし、建築家と言うより現場の職能であると思われてしまっているからだ。

社会環境を大きく俯瞰する目さえ持っていれば、既存不動産を活用するという領域においても、建築家の職能はこれまでと違った形で活かされるはずなのだ。どう活かすか、どうやったら活きるのか。

リノベーションアーキテクト

　僕は、これからの建築家は建物の管理、マネジメントについて積極的に考えていかなければならないと思っている。不動産業界における、管理業務というと清掃やクレーム対応といった、いわゆる「陰の仕事」という印象を抱かれがちだが、本来は建物の価値を維持していく、むしろ造ることよりも重要な職業だ。建築に関係する業界そのものの社会的信頼は、つくって引き渡すだけでは、これからはなかなか得られなくなってしまうだろう。

　たとえば賃貸住宅の設計をしたとしたら、そしてその建物のデザインに自信があるのなら、建築家は自分で入居者を見つけてくることができるはずだ。自分たちで作り上げた魅力は誰よりも、自分が饒舌に語れるはず。少なくとも僕らは、それが自然な流れだと思っている。

　人に活用されない建築などに存在意義は無い。僕らは、そのための状況をデザインしている。ならば自分たちが設計してつくり上げた場所に、自ら利用する人々を導かなければ意味がない。入り口のところでしっかり自分たちでマーケティングをする、ブランディングをする。不動産商品としての企画をして、それを設計して、その先の出口として客付けのためのプロモーションをし、自分たちで現地の案内もす

る。そこにデザイン通りの、つまり目論見通りのお客さんが入って、はじめて僕らのデザインは一つの完成形となる。価値の連鎖と継続を生じさせるための一連の流れだ。

　そのカタチを生んでこそはじめて自分たちもインセンティブを得る権利を持っているはずだと考えている。また、自分たちのつくり上げた状況に対して客付けという形で継続的に関わることによって、設計料以上の利益を得ていく。金銭的な利益だけでなく、管理、マネジメントに関わる事で、自分たちの設計した建築でどんなことが起こっていったか、見ることができる。リアルな状況から学べるということが、設計力に生きてくる。それは自分たちの財産だ。

　時間と関わるということ、それをビジネスとして考えていくということ。それは設計料だけという世界を越えていくことができる可能性を秘めている。こういう感性を持っている人間が、リノベーションアーキテクトとして、建築を巡る状況を先読みしていけるんじゃないだろうか。

マルチリンガルな建築家

　建築家は建物をモノとしてだけ見ていればいい、という時代は終わりつつある。しかしながら建築の教育現場では、建築の作り方だけでなく「使い方」を学べる機会が、なかなかない。それどころか、建築が社会のシステムとどうかかわっていて、なぜその建築が成り立つのか、といった経済のしくみについて勉強する機会もほとんど無いのが現状だ。僕は学生や専門家に、建築の歴史や計画や工法といった学校の授業以外のことも、自ら学んで欲しいと思うことがある。

例えば、建築学科を卒業して、建築設計者、建築士としてキャリアを積んできた人は、ネイティヴランゲージとしては高度な建築語を話している。それは設計語かもしれないし、あるいはデザイン語かもしれない。さらに、アトリエの先生になると「方言」ができている場合もある。「空間に歪みがある」とか「揺らぎがある」とか、そういう類のものだ。

　その言葉は長い付き合いのある現場では伝わるかもしれないが、金融機関の担当者には、あるいはまだ見ぬ入居者には伝わらないかもしれない。事業用の建物の場合、計画時にクライアントはそこにいるが、建物を使う人はそこにいない、ということもある。専門用語や「方言」は、そこにいない利用者たちにも伝わるだけの、波及力を持っているのだろうか。

　建築の専門性を否定したいわけではない。問題は、伝えるための言葉なのだ。たとえば相手が金融の人であれば、デザインを金融語で語ることができたらいい。建築家である以上、自分の「母語」である専門用語を忘れてはいけないし、そこに軸足を持っていなければいけないが、旅先で日常会話程度は現地の言葉を使える、というくらいには、他の世界、他の業界の言葉を知っている方がいい。僕はそれを「マルチリンガルな建築家」と呼んでいる。そうやってさまざまな業種、業界を行き来し、職能を少しずつ拡張していくことによって、そこに新たな道が拓ける可能性があるのではないかと思う。

　特にリノベーションの場合は、対象が建物を超えた社会環境全体の話になる。起きている問題を解決するためには領域を越えていかなければ答えは出ない。

　例えば日本で起きている問題が、国内にいると全貌が見えないのに、外国でしばらく暮らしていると日本のよさがわか

るといったことと似ているかもしれない。少しずつ領域を拡張して、そちら側に少しバランスを移して振り返ってみると、そこに道が開けている——問題解決の手段が見えるのかもしれない、ということだ。

建築・不動産の業界において、一般のお客さんに属人的なファンを持ち得るのは建築家ぐらいかもしれない。ならばこんなことを考えてもいいかもしれない。ディベロッパーやハウスメーカーはブランド力は強いが、属人的なファンをつくり得ない。一方、建築家というのは、属人的なファンを持ち得る。しかし、せっかくファンを持っているのに、ファンになってくれた人たちに住まいを手に入れる手段を伝えることを怠っている。こんなもったいないことはないと僕は思うのだ。「ファンを持っているのは建築家ぐらいなのだから、その支持者の声を武器にしましょう」と言いたい。これもちょっとした領域を跨ぐこと。

リノベーションの「作品」

軸足を建築に置いているつもりでも、手がける範囲が不動産仲介やブランディング、プロモーションにまで及ぶと、かつては「この人は建築家だろうか？」と訝しい目で見られることもあった。建築家や建築というもの自体の純粋性が、ことさら大事に思われていた時代だったのだと思う。一昔前の建築家は、建物を作品と呼んだかも知れないが、何をもって作品と呼ぶか。僕らはその前提が、そもそも違っているだけだ。

共感と同感は違う。それぞれの異なった関わり方、解釈

や感じ方、考え方であっても、それぞれが自分のこととして、達成感を味わってくれること。そんな人々が多いほど、その状況が僕らの作品だと考えている。あるいはその状況が後にも成長し続けることを支える。そういった状況のデザインが、僕らの仕事であり、建築であり、作品と言える。

モノだけで終わりにしない。少なくとも、最初から新しくつくることだけを考えるやり方には、疑問を持ってみる。今、目の前にある状況の使いこなし方から考えていく。これまで活動してきた時間の中で、たとえやり方が違っていても、その気持ちだけは共有できる人たちが、少しずつつながっていった。

リノベーションはモノのデザインというより、コトのデザインであり状況の再編集だ。建築の世界だけに留まらない。すると当然、関係する人や場所によって、いろいろなやり方、いろいろな答えがある。模範解答のない世界だ。そんな中で「リノベーション」という言葉は多様な立場の人たちにとって共有出来る言葉なのだろう。だから取り組む人たちがみんなそれぞれ、違っていながらもその役割を尊重し合えるところがある。

見た目には、小さなひと部屋のリフォームであっても、リノベーションとして取り組むならば、僕らはそこに社会的なメッセージ、何かを解決する糸口になるようなメッセージを込めていきたい。どんなに小さいプロジェクトでも、それを共感してくれる人が1人でも多く存在すればいい。ブルースタジオの手がけるリノベーションには、目に見える輪郭はないかも知れない。当然、素敵な空間であることは絶対条件。だけど、それに留めておきたくはない。

すれ違う「物件」たち

「物件」という言葉は、主に建築、不動産に関わる人々が頻繁に口にする言葉だ。ただこのあまりにも安易に発せられる言葉には盲点があり、そもそも業界におけるコミュニケーションに誤解を生じさせる元凶であることに、僕らはこの仕事をはじめた頃から、うすうす気づいていた。

「物件の価値」をそれぞれの立場の人がどう見ているのか。たとえば建築家が、物件の価値を「作品価値」と見ていたとしよう。それに対して不動産事業者はもちろん「商品価値」を見すえている。どんなに建築家が素敵な空間論を繰り広げたところで、不動産事業者にとっては「駅から○○分○○㎡南向き」の価値の方が、比較にならないほど重要な、お金に換算できる価値だ。「作品価値」はわずかな「付加価値」の一部でしかない。物件に住宅ローンを提供する金融機関はどうだろう。彼らにとって物件の価値とは「担保価値」だ。債務者がデフォルトを起こした時に、いくらで処分可能か極めて冷静に物件の個性を排除し、価値を査定する。

「物件」と「物語」

肝心の生活者はどうだろう。当然、長期的な「暮らしの価値」だ。建築家が語る作品性のエゴにも、事業者の口八丁手八丁の「商品価値」にも、自分とは関係のない「担保価値」にも、本来であれば翻弄されたくないはずだ。

　気づいてみれば、それぞれの立場が見ている「物件の価値」はだいぶ異なっている。この価値観の不一致、価値の不連続性、つまり関係者同士のミス（ディス）コミュニケーションこそが日本の建物、特に不動産商品を月並みなものにし、つまらないものにしている元凶なのではないかと感じていたのだ。

　これからの社会には物件のデザイナーが必要であるのと同じくらいに物語のデザイナーが必要とされるだろうし、物件のデザイナーには物語に対する理解力と想像力が求められるはずだ。一文字違いではあるけれど、物のあとに連なる文字が「件」から「語」へと変化するだけで「物件」という無味乾燥で即物的な価値は、格段に豊かなものになる。

ホシノタニ団地の案内

interview

建築への
能動性を喚起する

聞き手：田中元子

リノベーションという言葉が、多くの人に認知されるようになった。それだけでなく、賃貸物件で壁紙を選ぶことができたり、建築中のプロセスにおいて、建物の当事者だけでなく、周辺住民などの第三者も参加できるようなイベントが催されたり。ブルースタジオが築いてきたスタイルは、いまや珍しくないようにすら見える。しかし、表面からだけでは見えてこないことがあるはずだ。先陣を切って走り続けてきた大島は何を見、どんな経験を踏まえて、現在に辿り着いたのだろう。そして未来に向けられた眼は、どこを向いているのだろう。

マイノリティからマジョリティへ

田中：大島さんは、学生時代からリノベーションすることに対して抵抗がなくて、当たり前という感覚を持っていたみたいですが、当時のまわりの人はどうでしたか。

大島：一般的な大学の人は関心がなかったと思うけど、美大生の間、特にファインアート系（油絵・彫刻など）学生にとっては、古い建物に住むことは当たり前だったんですよ。当時はバブルの最盛期で、デザイン系（グラフィック・プロダクト）の学生はいいバイトもあって、就職先は大手企業で、華やか。でもファインアート系は、いい意味で地味だった。それが、僕にとっては本質を見つめている気がして、彼らの価値観に大きく刺激を受けました。で、建築学科には、ファインアート系とデザイン系の両方の人がいた。

　当時のバブル最盛期って、情報に過敏になっているというか、情報の亡者になっている時代だったんですよ。女子大生ブームで、ワンレンボディコンの時代。男子学生はDCブランドを身に纏い、どれもが物質主義の極みだった。ほとんどの人が物質と情報に溺れていたけど、そんななかで、美大生のなかでもファインアート系の学生たちは、あえてそれをすべて遮断する方向だった。みんながお金をたくさん使っていたなかで、レアな存在だったんです。

田中：当時、物質や情報に溺れる人と、レアなファインアート系の人がいるなかで、大島さんは後者のほうに惹かれたのですね。今は逆転しはじめているように見えるのですが。

大島：単純に、当時は僕にとって、地味な方が楽しかった。それが今は、ほとんどそっちに傾いちゃってる。みんな貧乏くさい恰好になって、ものを買わないし、身体にいいものを食べてヒッピーみたいな生活にあこがれてる。マイノリティがいつのまにかマジョリティになってしまう。文化になるって、そういうものなんです。完全なマイノリティは文化じゃないけど、いつの時代も、マイノリティが見つめている世界が、実は本質なのかもしれないですよね。そのあとそれがマスのなかで成長してしまって、いつのまにか滅びて次のムーブメントが起こる。

特殊解だけでなく、一般解にもしなければならない

田中：今、リノベーションというものを受け入れたり、ヒッピー的な文化や生活スタイルを求める人が増えていますが、これはまさにマイノリティがマジョリティになっていることですよね。この流れも、いずれ消費されてしまうのでしょうか。

大島：そういったかつてはマイノリティだったものが、これから文化となるか、消費されるか、それは瀬戸際だと思いますね。このままでは消費されてしまう可能性もある。ただ、このことは、人と人との関係性のありかた、地域社会のありかたに広がっていく。家族、コミュニティ、地域社会、国って、人の集合体にはいくつかのレベルがあるけど、とくに小さい集合体に対しての考え方としては、すごく理想的なものを求めはじめていますよね。

それが例えば、DIYなどのスタイルで。これも本質をつかんでいる一方で、形骸化している、両方を秘めていると思うんです。

　だから、本当は消費されるのではなく、その状態が社会のスタンダードとなっていくべきだと思う。でも、セミナーなんかで、「あなた・いま・ここ」という話をしながらも、オンリーワンになってはいけない部分もある。そのバランスが大事で。特殊解だけではなく、一般解にもしなければならないんですよ。

田中：それは建築が長年抱えてきた問題でもありますよね。建築というものは特殊解で、一回性の関与に設計者も施主も満足して終わるという、美談の集合みたいなところがありました。

大島：たとえば木賃アパートとか普通の賃貸マンションとか、いわゆる作家性がないものによって社会の生活環境はつくられていますよね。それを特殊なものに変えていくことが答えではなくて、"一般的な住環境をどう楽しく住みこなすのか"ということが、一番考えられるべきことだと思います。これは、僕が最初にやった、自分の親父が40年前に建てた2LDKのマンションをリノベーションしたころから、考えていることなんです。

　木賃アパートに取り組みたいと思ったのは、単純に自分自身が学生時代に暮らしていた木賃アパートが十分それで楽しかったから。木賃アパートが建て替わって素敵なデザイナーズマンションになることが幸せかというと、そうではな

い。それを楽しく住みこなせるかということが大事で、そのことによって誰もが幸せになれると思うんです。

田中：古いものが好きとか、DIYが楽しいとか、それは大島さん自身の特殊解だと思わなかったんですか。

大島：特殊だとは思っていましたし、マイノリティであることは十分に意識していました。ただ、なんでこんな面白いことにみんな気づかないんだろう？って。逆に、ちゃんと説明すれば、この楽しさはみんながわかってくれるということも確信犯的に感じていました。だから、きっかけがあれば、そのきっかけをつくりたいと思ってた。

田中：最初うまくいかなかった時は、物件に手を入れてリノベーションして暮らすことが、どうして嫌がられていたのですか？　社会が新築を盲信する状況だったからですか。

大島：それは消費者側の問題じゃなくて、供給側の問題だったんです。リノベーションを受け入れられなかったのは、管理会社であり、オーナーでした。そもそも賃貸住宅は、そういうものじゃないと思っていたから。賃貸住宅は、とりあえず暮らすもので、環境の豊かさなんて求める必要はないということがベースにあった。古いし汚いから客が入らない、清潔にしたら客が入る、くらいしかわからなかったんですよ。
　当時、デザイナーズマンションってものは、すでにあったんだけど、デザイナーズマンションと生活環境を豊かにすることは、結びついてなかったんです。綺麗にする以上のこと

に金をかける意義がまったく見いだせてなかった。

田中：リノベーションの観点からすると、綺麗にすることは多数のプロセスのうちの、一つでしかない。それも含めて何をするか、ですよね。

大島：そもそも最初の時点で、賃貸住宅の環境が豊かなものではないという前提があります。これが、管理する側によって、かなり大きい。支配的な空気感すらありますから。それに今まで借家営業は、基本的にマスビジネス。だから、ニーズを調査して、足りないものを供給していくという考え方なんです。それも、ピンポイントで供給するわけではなく、マスで供給する。量産のメンタリティがあるから、そこにイレギュラーなものは入れたくない。大量に処理ができればコストダウンできるし、事業として成り立ちますからね。

　今でもまだそう思われているところは大きいんだけど、そこで変わってきたのが生活者の考えだったんです。僕らがはじめた頃は、大量供給でないものの価値に気づき始めていたんだと思う。だからマイノリティでも、生活者にきちんと説明したら支持される自信があった。

　だから苦労したのは生活者に対するアピールではなく、むしろ供給側に対するアピールでした。生活者の一定以上の量へのアクセスは、積み上げていけばいいことだと思っていたけど、供給側に対しては、どこかでものすごい意識変換が起きるとか、大きな変化がなければ変わらないだろうと。

ここまでやらないと建物がかわいそう

田中：その供給側に対してのインパクトとして、2000年に制度が変わったことが大きかったわけですね。

大島：不動産の証券化は、外的な要因としては大きかったですね。僕がやりたかったことのタイミングを考えると、運がよかったのかもしれません。供給側に対しては、すぐには変化はしないだとうと思っていたけど、これをきっかけに業界は変わるだろうなと思いました。実際、数年後から変わっていきました。それは、住宅の環境を豊かにするというデザインとしてではなく、よりアセットマネジメントに寄った変化でした。

田中：プロパティマネジメントという言葉もよく聞きますが、アセットマネジメントとの違いは、何なのですか。

大島：これが、あまり違いがなくてケースバイケースなんです。人によって使い方が違うんですね。アセットは資産という意味だから、アセットマネジメントとは資産管理と言えます。だから建物だけじゃなくて、株や貴金属、資産を形成する大きなもののマネジメント。一方、プロパティは建物。プロパティマネジメントというと、比較的、不動産の世界ではハードとしての建物のマネジメントのことを言います。僕らブルースタジオが提供しているデザインは、資産やニーズまでをも含めて捉えているので、アセットマネジメントというわけです。

田中：建物を設計するときには、ハードとしてのモノをデザインしてくださいと捉えられがちですが、ニーズやマーケティングをも含めて考えられ、資産として継続性のある建物をつくりだすアセットマネジメントは、住宅をはじめ、どんな建物の設計にも、必要なことですよね。考えてみれば、設計事務所の本来の目的は、そこにあるのかもしれません。

大島：そうなんですよね。だから、最初の部分が大事で、個人住宅であれば、何で家が欲しいのか、どんな家が欲しいのか、価値観を教えてください、と聞きはじめるわけです。それがたとえ、賃貸物件であっても、建て替えるのが相続のためなのか、儲けたいのか、先代から受け継いでいる土地をなんとかしなきゃいけないのかで全く違うから、そういう話を聞いていく。もし、その考え方に、ウィークポイントがあったと思ったら、もっと考えるべきですよ、とアドバイスします。

田中：ブルースタジオは、建物をただ設計するだけじゃなくて、さまざまな角度からの検討をしたり、また建てられたあとの管理、客付けまでもするから、より頭も使うし、手間もかかると思うのですが、そもそも、そこまでする一番の理由は何でしょうか。

大島：なんでこんな面倒なことをやるのかというと、第一に完成した建物がかわいそうだからです。できたのに誰も住まないとか、数年後に空き家だらけになっているとか、ボロボロになってるとか、汚いとか、そうあってほしくない。そ

うではなく、暮らす人や所有する人が、しっかりと理解し、咀嚼して、愛着を持ってもらって、住み続け、使い続け、充実し続ける状況をつくっていきたいと。

ともにプレイヤーであるという自覚

田中：ひとりの施主のための、一つのハード（建物）だったら、愛着を満たすことは単純な作業に感じるけど、賃貸住宅だとできるだけ利回りが良く、入居率が高いものにしなくてはいけない。そういうときに大島さんが、よくおっしゃる「共感」っていうことが、ポイントになってくるわけですよね。オーナーだけが満足していても、人は入らないですもんね。そういうことは、最初から認識されていらしたのですか。

大島：共感の輪を作るということを、最初から意図的に考えていたかというと、そうではありません。けど、生活者の感覚っていうのが、どんどん変わっていくだろうっていうことには、揺るぎない自信があって、必ずそうなると思っていました。だから、オーナー（供給）側は、そのニーズをいずれ理解ができるだろうと。

　で、自分のまわりには学生時代から、少なくとも仲間たちとか、共感する人はいると。だから、その共感の輪を広げていけばいいと思っていましたね。共感の輪は仕組みにはならない。だけど、どことどこをつなげれば共感の輪が広がりやすいかということが、徐々にわかってきたんです。

田中：手ごたえがあるケースは、もちろん多いと思うんです

が、なんでこんなにフックしないのか？というくらい手ごたえがないときもありますか。オーナーや施主から、提案したことに対して、あんまりうまくいかなかったと怒られたりすることも、あるのでしょうか。

大島：オーナーや事業主とは、建物が完成するまでの間はチームです。そうじゃない関係だと、うまくいかなかったら「なんだ、違うじゃないか」となる。けど、一緒のチームであればキャッチボールをしながら考えていくわけだから、うまくいかない時も怒られるということはありません。何か起これば、次の手を考える。これはずっと繰り返していかなきゃいけないことだから。問題は10年、20年後も必ず起き続けていくことだから、それに対峙していく気持ちをオーナーに芽生えさせるというのも、僕らがやらなきゃいけないことなんです。

田中：オーナーや事業者が、つくるものに共感するということに加えて、チームの一員として腹を決め、プレイヤーとしての自覚を持ってもらうというわけですね。確かにこれまで賃貸事業で、自分がプレイヤーであることを意識して建築家と一緒に話をするオーナーは、ほとんどいなかったのかもしれません。

大島：一つひとつはカスタムエンドなんだけど、それは僕らだけが持っていても、僕らのエゴになるから駄目で。僕らが関わらなくなっても、所有者が咀嚼して、自分のものにし続けられることが求められるんです。だから、どのプロジェク

トも、僕らは最終的には引いていきます。最初にエンジンをぐるっと回してあげて動き始めるまでをデザインする。

田中：一見、ブルースタジオが手がけるプロジェクトは、手離れの悪い仕事をしてると思っていたんです。でも逆に、オーナーや入居者の気持ちとか行動力が伴ってきたときに、上手に巣立つことができるのは、一番合理的ですね。

大島：細かい話、そこはバランスで、もちろん完全にスパッと「サヨナラ！」というのも違うでしょ。ある程度はやっぱりつながっていたいと思う。それはただ単に気持ちの問題だけではなくて、設計事務所としてそうあったほうがいいとも思うんです。

　狩猟的民族的な仕事の仕方ではなく、農耕的民族的な仕事の仕方なんです。そう考えると、いい建物をつくって、収益が上がってるんだから、そこからある糧、インセンティブを継続的に受けたっていい。インセンティブという考え方は設計にはないけど、業全体としては、仲介手数料や広告宣伝費などがかかって、なんらかのフィーが誰かに払われています。その報酬のある部分は、「いい建築だから」と言えるわけです。だから、関わり続けていれば、その利益を受けることもできるはずです。それに対する僕らの解答は、いいお客さんを紹介するということです。

開かないと答えが出ない

田中：これまでブルースタジオは、個人邸、集合住宅を含め

て、住居が中心だったと思いますが、他の用途の建物もやってみたいと思いますか？

大島：それはありますね。たとえば、公共的な建物とか、駅とか。公共というよりは、家ではないところで、生活環境そのものとして使いこなしてもらえるようなもの。だから、文化施設やホールのような施設もいいのかもしれないし。日常生活の一部に興味があるんです。

田中：きっと、役所や公民館的なところも、そういうものの一つかもしれないですね。今は、本来は生活の一部だとみんなが思っていたほうがいいような施設やインフラが、少し遠くにいってしまっているところがあるから、そういう施設をブルースタジオがやったら、新しい可能性が開けると思います。

大島：賃貸住宅もオフィスもそうなんだけど、その建物の価値をもう一度発見するためには、内にこもっていてはダメで、外に開かないと答えが出ないんですよ。だから、外に開くということがまず一番大事なやるべきことだと。だから、プライバシーを考えなければいけない賃貸住宅でさえも、そういうことを考えるべきだと思っています。それによって、まわりに住んでいる住民を含めて、社会の一部として認められるかということになる。

　そう考えると、閉じている施設っていっぱいある。高齢者施設も福祉施設もほとんどそう。幼児や障害者のための施設も同じですよね。それをもっと開いていく。

田中：事例にも取り上げた「田中衡機」「nana」「青豆ハウス」などはどれも、まちに対してどう開くかを、すごく考えられたケースだと思うんですが、

　開きかたにも、いろいろあると思います。どんなことが地域やまちに開くときに大事になるんでしょう？

大島：住宅でわかりやすく見ていくと、たとえば住宅のなかにはいくつかの機能がありますよね。寝るとか、食べるとか、話をするとか、いろいろある。で、それぞれのアクティビティには、家族の中での公共性、プライバシーがあるんだけど、どの境界もぼかしていくことで、家のありかたが変わっていくと思うんです。それは外との境界についても同じで、そういうことを意識することは大事ですよね。

　だから、たとえば僕らが設計する賃貸住宅って、ほとんどがリビングインなんですよ。玄関から入って廊下を伝って水回りを越えていくと、ダイニング、リビングがある、というようにはつくらない。玄関そのものが社会との接点だから、それは一番よくないと思っています。日本の、特に集合住宅の長方形のプランで玄関が裏にあるというのは、そもそも日本の文化にはなかったはずだしね。合理化されていく過程でそうなってしまったから。生活動線として台所の横にあった勝手口が、いつの間にかマンションのプランで玄関として残ってしまったんです。

田中：なるほど、生活者側のニーズがリアライズされていった結果ではなかったのですね。

気付いていないものを提供する

田中：ブルースタジオの旗揚げから15年、状況としてどんなことが一番変わったと実感されますか？

大島：何よりも、自分らしさに価値を見いだす人が、これだけ多くなったことです。けど、これは景気とは関係がありません。僕らが仕事を始めた2000年は、景気がいい時ではなかったし、そのあと、ファンドバブルのような景気の上昇はあったけど、それも決していい時ではなかった。逆にそういう時だからこそ、工夫をしなければ生活は豊かにならないし、消費によって豊かにはできないことに気付きはじめたのかもしれない。

田中：つまり、工夫が求められた時代に面白いことや、確立されていない何かができるわけですね。
　ほとんどの先進国でこれから高齢少子化を迎えていくなかで、欲しいものはほとんどそろい、食べるものにも不自由しない、そういう原初的な欲は十二分に満たされるようになる。そんな時代に、モノやデザイン、商売やビジネスに関わる人は、どうしていくのかということが気になるのですが、大島さんがされていることは、こういう時代に合っているからこそ、受け入れられるんでしょうか。

大島：僕らが目指しているものは、いわゆる建築業界におけるものづくりでありながら、ものづくりそのものがビジネス行為ではないということなんです。簡単に言えば、モノでは

なくコトという話だけど、つまり「これをつくってください」と言われたときに、「了解しました。ご希望通りのものをつくりました」ではなく、相手が気付いていないものを提供することが、僕らの仕事。だから、いい意味で、期待を裏切ってあげなければいけない。

　たぶん向こうは目的を達成する、たとえば家を手に入れるとか、そういうことを期待していると思うけれど、その目的を達成すること自体に意味はないから。そこに至るまでのプロセスが一番の目的だと思う。

田中：なるほど。家を買おう、借りようという時に、そこでは暮らせないかもしれない、という不安なんて、ないですよね。目をつぶっていても、とりあえずは、生きるための箱が手に入る。そんな状態だからこそ、敢えて目を開いて、心も体も動かしてたどり着きたいのは、期待や想像の向こうにある何か、ということになります。それこそが、モノに満たされた時代において、人々が求めはじめていることだと思いました。まさにブルースタジオの仕事は、人を能動的にさせていく仕事だというわけですね。

　これまで、モノを買う、建物を建てるということは、受動的で当然だったと思います。けど今、生活者は、建物をただ建てる、買う、借りるだけではなく、そのプロセスの中において能動的になりはじめている。人々が建築に対してそんな気持ちになりはじめることは、人類史上これまでなかったかもしれません。

自発的にコミットしたくなるほうへ

大島：これは住宅やリノベーションに限らず、すべての分野におきていますよね。たとえば、稽古事に通うのもそうだけど、自分自身をブラッシュアップしていく、自分が好きなことをやるって人がより増えています。

田中：これまでは英会話とか、いわゆるスキルアップを求めるものが多かったけど、最近は違いますよね。丸の内で朝活をやっている丸の内朝大学には、焚火や小屋の作り方といった、ちょっと変わったクラスでも、人が集まっていて。これまでは「これだけの授業料を払っているんだから役に立たせるぞ」という感覚があったと思うんですが、それだけではなくなっている。そこに人が集まるのは、やはり能動的なことを求めているからだと思います。

　で、そういうことをブルースタジオは、結構前からやっていることにびっくりするんですよ。ワークショップやマルシェといったもの、それも施主が能動的に動くようなことって、いつからやっているんですか？

大島：賃貸住宅で入居者が自分の好きなことを仕組みにしていくのは、ずいぶん前からやっていて。たとえば「ラティス青山」なんかがそうです。一方、イベント自体を意図的に企画しているのは、ここ数年の話なんです。それにそういうものは、僕らが企画しているというよりは、チームの一員であるオーナー、事業者側が自発的に行うことがほとんど。

　それこそ、「青豆ハウス」でオーナーの青木純さんが、入居

者に壁紙を選ばせてあげて一緒にDIYをしたり。「うめこみち」でやる餅つきイベントも、オーナーの発想です。僕らがやりましょうと言ったわけではない。自然とそういう気持ちになっているだけなんです。

　そもそも、そういうことを企画会社が無理やりやろうとすることが不自然なわけ。そういうイベントを誇らしげに、「わが社のノウハウ」と謳っている会社もあったりするんだけど、そうじゃなくて、積極的に自分たちじゃない人にやってもらいたいんです。

田中：「これが新しいビジネスモデルだ」と言わんばかりに、建築プロセスにおけるイベントごとに、意気揚々としている人は確かにいますよね。一見、アウトプットだけ見たら同じようなことをやっているように見えるかもしれないけれど、大島さんの姿勢は、「俺がやったぞ」というのではなく、一番大事な人が一番燃えてくれるように支えてあげたり、後押ししてあげたりすることを、マインドとしてされていることがわかりました。

大島：何よりもうれしいのは、オーナーや事業者の方に「こんなことを自分がやれるとは思ってもいませんでした」と驚いてもらえること。でも結果として、皆さんが自然に、やれることをやってくれているんです。

田中：自分の想像の範囲を超える、きっかけや勇気を与えてくれるということ。それが、建物が立ち上がることと一緒についてくるって、素晴らしいですね。建った建物の使い心地

がいいとか、それだけの話ではなく、それ以前からの建物と人との関係、そこに起きていくことの蓄積が、人を幸せにさせてくれる。

　ところで大島さん、というかブルースタジオは、建物が50年と建ち続ける時に、まちにとってどういう風景をもたらしているか、第三者にとってもいい風景になっているか、というところまで責任を感じていらっしゃいますよね。つまり利用者、設計者、オーナーといった、制作チームの自己満足で済ませていない、ということも強く感じました。

大島：建築家の方々に思うのは、自分がつくった建物にもっと関わり続けてほしいということ。せめて建てた後、本当はどうだったかということを、知ってほしい。絶対に幸せなことばかりではないから。トラブルは絶対起きていて、それを知るべきだし、知った方が幸せだと思う。僕らは管理までしているので、クレームはしょっちゅうきます。けど、クレームそのものを知ってるかどうかで、建築家の資質は変わると思うんです。

田中：さまざま声を受け入れるコミュニケーションや経験の蓄積がまた、ブルースタジオを成長させているんですね。これからもきっと変わり続けて、見ている私たちはますます驚かされていきそうな予感がします。それがとっても楽しみです。

あとがき

　僕らがリノベーションという旗印で仕事を始めて約20年。今では建築だけでなく、さまざまな文脈でこの言葉は使われ、身近な存在になっている。中古住宅を手に入れてDIYで自分らしい暮らしを作ることはもはや当たり前の住環境の選択肢だし、賃貸住宅やシェアハウスなどで住民同士が一緒になって住まいや暮らしを楽しくする工夫をし、素敵なコミュニティを醸成していることも珍しくない。与えられた環境をいかに楽しく住みこなすか、使いこなすか。その精神そのものがリノベーションだ。使いこなすのは空間や建築だけでなく、お金や制度や人間関係や。知恵やセンスやアイデアで、いくらでもオンリーワンの価値や可能性を広げられるのが、現代の暮らしのデザインだ。

　賃貸マンションの一室からスタートしたぼくらの仕事も時代の流れの中で少しずつ、確実にシフトチェンジしてきた。暮らしこなし方、使いこなし方について考える対象も、今ではまち再生や団地再生のように規模の大きな案件のご相談に広がりを見せている。日本の家もまちも人々が暮らす環境として同じ社会課題が問われているのだろう。先人から与えられた社会環境のストックを、これからの時代にどう活かしていくか。活かし方に定石は無い。この本にご紹介したプロジェクトには、一つ一つに個性的なオーナーさんがいて、それぞれの置かれた環境に唯一の物語があり、それらが自然の成り行きのようにいきいきと次の世代のために、滑らかに住み継がれて行く道を、ぼくらもオーナーさんも、

一緒になって模索してきた。その蓄積は、ブルースタジオがより応用的な解答を迫られるときにも軸をブラさずにいられる、まさに今もって伴走してくれる礎のように感じられる。

「善く行く者は轍迹(てっせき)なし」という。これも老子の言葉だ。建築の仕事は僕らの手が離れてからが本当のスタートであり、真価はその後の蓄積に問われるものだ。僕らはきっかけをデザインしているに過ぎない。竣工以降、素晴らしい状態で、当事者として空間を使いこなし、更にその環境を熟成させているオーナーの皆さんには本当に頭が下がる。そしてまた、この本を制作するにあたって多大なご協力を頂いたことに感謝したい。

書籍を出すきっかけを与えてくれた金沢工業大学の宮下智裕先生、学芸出版社の知念靖廣さん、中木保代さん、井口夏実さん、僕のサポートをしてくれた尾形比呂美さん、大堂麻里香さん、そして筆不精な僕をいつも激励してくれた田中元子さん。心から感謝します。また、今日まで共に歩んでくれた最大の理解者でありパートナー大地山博、そしてブルースタジオのスタッフたちにも、この場を借りて御礼します。

この本がお読みくださった方々にとって、何らかのお力添えになれることを願いつつ。

大島 芳彦

大島芳彦（おおしま よしひこ）

株式会社ブルースタジオ専務取締役、クリエイティブディレクター。
家業である不動産管理会社、大島土地建設株式会社の3代目代表取締役。
東京生まれ。2000年より株式会社ブルースタジオにて「Re*innovation リノベーション」を旗印に、遊休資産の再生・価値最大化をテーマとした建築企画・設計、コンサルティング事業を開始。近年では団地再生、中心市街地再生など都市スケールの再生プロジェクトなどにも取り組む。
一般社団法人リノベーション協議会理事、副会長。
2016年「ホシノタニ団地」グッドデザイン金賞（経済大臣賞）受賞。

なぜ僕らは今、リノベーションを考えるのか

2019年8月20日　初版第1刷発行

著　者	大島芳彦＋ブルースタジオ
発行者	前田裕資
発行所	株式会社　学芸出版社
	〒600-8216 京都市下京区木津屋橋通西洞院東入
	電話 075-343-0811
	http://www.gakugei-pub.jp/
	E-mail　info@gakugei-pub.jp
	企画・営業　知念靖廣
	編集　中木保代・井口夏実

編集協力	田中元子
アシスタント	大堂麻里香
装　丁	土屋勇太（HOUSAKU inc.）
印刷・製本	シナノパブリッシングプレス

© Yoshihiko Oshima 2019
ISBN978-4-7615-2680-1　　　　　　Printed in Japan

JCOPY

〈(社)出版者著作権管理機構委託出版物〉本書の無断複写（電子化を含む）は著作権法上での例外を除き禁じられています。複写される場合は、そのつど事前に、(社)出版者著作権管理機構（電話 03-5244-5088、FAX03-5244-5089、e-mail: info@jcopy.or.jp）の許諾を得てください。また本書を代行業者等の第三者に依頼してスキャンやデジタル化することは、たとえ個人や家庭内での利用でも著作権法違反です。